# CONSEIL D'ETAT.

Épreuve.

# DISCUSSION
## DU PROJET
# DE CODE CIVIL.

## N.° 24.

*SÉANCE du 19 Ventôse, an 11 de la République.*

LE SECOND CONSUL préside la séance.

Le C. PORTALIS dépose sur le bureau l'exposé des motifs du projet de loi formant le titre V du projet de Code civil, et relatif *au Mariage*, présenté au Corps législatif le 16 de ce mois.

Cet exposé est ainsi conçu :

« CITOYENS LÉGISLATEURS,

» Les familles sont la pépinière de l'État, et c'est le mariage qui forme les familles.

» De là les règles et les solennités du mariage ont toujours occupé une place distinguée dans la législation civile de toutes les nations policées.

» Le projet de loi qui vous est soumis sur cette importante matière, est le titre V du projet de Code civil. Il est divisé en huit chapitres.

» Le chapitre premier détermine *les qualités et conditions requises pour pouvoir contracter mariage ;* le second prescrit *les formalités relatives à la célébration du mariage ;* le troisième concerne *les oppositions au mariage ;* le quatrième traite *des demandes en nullité de mariage ;* le cinquième, *des obligations qui naissent du mariage ;* le sixième, *des droits et des devoirs respectifs des époux ;* le septième, *de la dissolution du mariage ;* et le huitième, *des seconds mariages.*

» Ces différens chapitres embrassent tout. On y a suivi l'ordre naturel des choses.

» On s'est d'abord arrêté au moment où les époux s'unissent. On a examiné ce qui est nécessaire pour préparer leur union, et en garantir la validité. On a passé ensuite aux principaux effets que cette union produit au moment où on la contracte et pendant sa durée. Finalement on a indiqué quand et comment elle se dissout, et l'on s'est expliqué sur la liberté que l'on a de contracter une nouvelle union après que la première a été légitimement dissoute.

» Tel est le plan du projet de loi.

» Le développement des diverses parties de ce plan doit être précédé par quelques observations générales sur la nature et les caractères essentiels du mariage.

» On parle diversement du mariage d'après les idées dont on est diversement préoccupé.

» Les philosophes observent principalement dans cet acte le rapprochement des deux sexes ; les jurisconsultes n'y voient que le contrat civil ; les canonistes n'y aperçoivent qu'un sacrement, ou ce qu'ils appellent le *contrat ecclésiastique*.

» Cependant, pour avoir une notion exacte du mariage, il faut l'envisager en lui-même et sous ses différens rapports.

» Le mariage en soi ne consiste pas dans le simple rapprochement des deux sexes. Ne confondons pas à cet égard l'ordre physique de la nature qui est commun à tous les êtres animés, avec le droit naturel qui est particulier aux hommes.

» Nous appelons *droit naturel*, les principes qui régissent l'homme considéré comme un être moral, c'est-à-dire, comme un être intelligent et libre, et destiné à vivre avec d'autres êtres intelligens et libres comme lui.

» Le desir général qui porte un sexe vers l'autre et qui suffit pour opérer leur rapprochement, appartient à l'ordre physique de la nature. Le choix, la préférence, l'attachement personnel, qui déterminent ce desir et le fixent sur un seul objet, ou qui du moins lui donnent sur cet objet préféré un plus haut degré d'énergie ; les égards mutuels, les devoirs et les obligations réciproques qui naissent de l'union une fois formée, et qui s'établissent nécessairement entre des êtres capables de sentiment et de raison : tout cela est de l'empire du droit naturel.

» Les animaux qui ne cèdent qu'à un mouvement ou à

un instinct aveugle, n'ont que des rapprochemens fortuits ou périodiques dénués de toute moralité. Mais, chez les hommes, la raison se mêle toujours plus ou moins à tous les actes de leur vie; le sentiment est à côté du desir, et le droit succède à l'instinct. Je découvre un véritable contrat dans l'union des deux sexes.

» Ce contrat n'est pas purement civil, quoi qu'en disent les jurisconsultes; il a son principe dans la nature qui a daigné nous associer en ce point au grand ouvrage de la création; il est inspiré, et souvent commandé par la nature même.

» Ce contrat n'est pas non plus un pur acte religieux, puisqu'il a précédé l'institution de tous les sacremens et l'établissement de toutes les religions positives, et qu'il date d'aussi loin que l'homme.

» Qu'est-ce donc que le mariage en lui-même, et indépendamment de toutes les lois civiles et religieuses? c'est la société de l'homme et de la femme, qui s'unissent pour perpétuer leur espèce, pour s'aider, par des secours mutuels, à porter le poids de la vie, et pour partager leur commune destinée.

» Il était impossible d'abandonner ce contrat à la licence des passions. Les animaux sont conduits par une sorte de fatalité; l'instinct les pousse, l'instinct les arrête: leurs desirs naissent de leurs besoins, et le terme de leurs besoins devient celui de leurs desirs. Il n'en est pas ainsi des hommes; chez eux, l'imagination parle quand la nature se tait. La raison et la vertu qui font et assurent la dignité de l'homme, en lui laissant le droit de rester libre, et en lui ménageant le pouvoir de se commander à lui-même, n'opposeraient souvent que de bien faibles barrières à des desirs immodérés et à des passions sans mesure. Ne craignons pas de le dire: si dans des choses sur lesquelles nos sens peuvent exercer un empire tyrannique, l'usage de nos forces et de nos facultés n'eût été constamment réglé par des lois, il y a long-temps que le genre humain eût péri par les moyens mêmes qui lui ont été donnés pour se conserver et pour se reproduire.

» On voit donc pourquoi le mariage a toujours fixé la sollicitude des législateurs. Mais les réglemens de ces législateurs n'ont pu détruire l'essence ni l'objet du mariage en protégeant les engagemens que le mariage suppose, et en régularisant les effets qui le suivent. D'autre part, tous les peuples ont fait intervenir le ciel dans un contrat qui doit avoir une si grande influence sur le sort des époux, et qui liant l'avenir au présent, semble faire dépendre leur bonheur d'une suite d'événemens incertains, dont le résultat se présente à l'esprit comme le fruit d'une bénédiction particulière. C'est dans de telles occurrences que nos espérances et nos craintes ont toujours appelé les secours de la religion, établie entre le ciel et la terre pour combler l'espace immense qui les sépare.

» Mais la religion se glorifie elle-même d'avoir été donnée aux hommes, non pour changer l'ordre de la nature, mais pour l'ennoblir et le sanctifier.

» Le mariage est donc aujourd'hui ce qu'il a toujours été, un acte naturel, nécessaire, institué par le créateur lui-même.

» Sous l'ancien régime, les institutions civiles et les institutions religieuses étaient intimement unies. Les magistrats instruits reconnaissaient qu'elles pouvaient être séparées; ils avaient demandé que l'état civil des hommes fût indépendant du culte qu'ils professaient. Ce changement rencontrait de grands obstables.

» Depuis, la liberté des cultes a été proclamée. Il a été possible alors de séculariser la législation. On a organisé cette grande idée, qu'il faut souffrir tout ce que la providence souffre, et que la loi, qui ne peut forcer les opinions religieuses des citoyens, ne doit voir que des Français, comme la nature ne voit que des hommes.

» Vous pouvez juger actuellement, citoyens législateurs, qu'elle a été la marche que l'on a suivie dans la rédaction du projet de loi. En respectant les principes de la raison naturelle, on a cherché à faire le bien des familles prticulières et celui de la grande famille qui les comprend toutes.

» Nous avons vu, par la définition du mariage, que cet acte, dans ses rapports essentiels, embrasse à-la-fois l'homme physique et l'homme moral. En déterminant les qualités et les conditions requises pour pouvoir contracter mariage, nous avons cherché à défendre l'homme moral contre ses propres passions et celles des autres, et à nous assurer que l'homme physique a la capacité nécessaire pour remplir sa destination.

» Notre premier soin a été de fixer l'âge auquel on peut se marier. La nature n'a point marqué d'une manière uniforme le moment où l'homme voit se développer en lui cette organisation régulière et animée qui le rend propre à se reproduire. L'époque de ce développement varie selon les différens climats ; et sous le même climat, elle ne saurait être la même dans les divers individus. Mille causes l'avancent ou la retardent.

» Il faut pourtant qu'il y ait une règle, et que cette règle soit générale. La loi ne pourrait suivre dans chaque individu les opérations invisibles de la nature, ni apprécier dans chaque homme les différences souvent imperceptibles qui le distinguent d'un autre homme. On arrive à la véritable puberté par des progrès plus ou moins lents, plus ou moins rapides ; c'est une fleur qui se colore peu-à-peu, et qui s'épanouit dans le printemps de la vie. Mais il est sage, il est même nécessaire que la loi qui statue sur l'universalité des choses et des personnes, admette un âge après lequel tous les hommes sont présumés avoir atteint ce moment décisif, qui semble commencer pour eux une nouvelle existence.

» Dans la fixation de l'âge qui rend propre au mariage, il est des considérations qui naissent de la situation du pays que l'on gouverne, et qu'aucun législateur ne peut raisonnablement méconnaître. Mais par-tout on peut, jusqu'à un certain point, reculer plus ou moins cet âge. L'expérience prouve qu'une bonne éducation peut étendre jusqu'à un âge très-avancé l'ignorance des desirs et la pureté des sens, et il est encore certain, d'après l'expérience, que les peuples qui n'ont point précipité l'époque à laquelle on peut devenir époux et père, ont été redevables à la sagesse de leurs lois de la vigueur de leur constitution et de la multitude de leurs enfans.

» Dans les temps qui ont précédé la révolution, les filles pouvaient se marier à douze ans, et les garçons à quatorze. Un tel usage semblait donner un démenti à la nature, qui ne précipite jamais ses opérations, et qui est bonne ménagère de ses forces et de ses moyens : il n'y avait point de jeunesse pour ceux qui usaient du dangereux privilège que la loi leur donnait ; ils tombaient dans la caducité au sortir de l'enfance.

» Nous avons pensé que la véritable époque du mariage pour les garçons était l'âge de dix-huit ans, et pour les filles celui de quinze. Cette fixation, fondée sur des motifs que chacun aperçoit, autorisée par des exemples anciens et modernes, est infiniment mieux assortie à l'état de nos sociétés.

» Cependant, comme des circonstances, rares à la

vérité, mais impérieuses, peuvent exiger des exceptions, nous avons cru que la loi devait laisser au Gouvernement la faculté d'accorder des dispenses.

» Les forces du corps se développent plus rapidement que celles de l'ame. On existe long-temps sans vivre; et quand on commence à vivre, on ne peut encore se conduire ni se gouverner. En conséquence, nous requérons le consentement des pères et des mères pour le mariage des fils qui n'ont point atteint l'âge de vingt-cinq ans, et pour celui des filles qui n'ont point atteint la vingt-unième année.

» La nécessité de ce consentement, reconnue par toutes les lois anciennes, est fondée sur l'amour des parens, sur leur raison, et sur l'incertitude de celle de leurs enfans.

» Comme il y a un âge propre à l'étude des sciences, il y en a un pour bien saisir la connaissance du monde.

» Cette connaissance échappe à la jeunesse, qui peut être si facilement abusée par ses propres illusions, et trompée par des suggestions étrangères.

» Ce n'est point entreprendre sur la liberté des époux que de les protéger contre la violence de leurs penchans.

» Le mariage étant de toutes les actions humaines celle qui intéresse le plus la destinée des hommes, on ne saurait l'environner de trop de précautions. Il faut connaître les engagemens que l'on contracte, pour être en droit de les former. Un époux honnête, quoique malheureux par sa légèreté ou par ses erreurs, ne violera point la foi promise, mais il se repentira de l'avoir donnée : il faut dans un temps utile, par des mesures qui éclairent l'ame, prévenir ces regrets amers qui la brisent.

» Dans quelques législations anciennes, c'étaient les magistrats qui avaient, sur le mariage des citoyens, l'inspection qu'il est si raisonnable de laisser aux pères. Mais nulle part les enfans, dans le premier âge des passions, n'ont été abandonnés à eux-mêmes pour l'acte le plus important de leur vie.

» Dira-t-on que les pères peuvent abuser de leur puissance ! Mais cette puissance n'est-elle pas éclairée par leur tendresse ! Il a été judicieusement remarqué que les pères aiment plus leurs enfans que les enfans n'aiment leur père.

» Chez quelques hommes, la vexation et l'avarice usurpèrent peut-être les droits de l'autorité paternelle. Mais, pour un père oppresseur, combien d'enfans ingrats ou rebelles ! La nature a donné aux pères et aux mères un desir de voir prospérer leurs enfans, que ceux-ci sentent à peine pour eux-mêmes. La loi peut donc sans inquiétude s'en rapporter à la nature.

» Nous avons prévu le cas où le père et la mère, dans leur délibération, auraient des avis différens. Nous avons compris que dans une société de deux, toute délibération, tout résultat deviendrait impossible, si l'on n'accordait la prépondérance au suffrage de l'un des associés. La prééminence du sexe a par-tout garanti cet avantage au père.

» La différence que l'on a cru devoir mettre, pour le terme de la majorité entre les filles et les mâles, n'a pas besoin d'être expliquée. Tous les législateurs ont établi cette différence, parce que les mêmes raisons ont été senties par tous les législateurs. La nature se développe plus rapidement dans un sexe que dans l'autre. Une fille qui languirait péniblement dans une trop longue attente, perdrait une partie des attraits qui peuvent favoriser son établissement, et souvent même elle se trouverait exposée à des dangers qui pourraient compromettre sa vertu, car une fille ne voit dans le mariage que la conquête de sa liberté. On ne peut avoir les mêmes craintes pour notre sexe, qui n'est que trop disposé au célibat, et à qui l'on peut malheureusement adresser le reproche de fuir le mariage comme on fuit la servitude et la gêne.

» Dans les actions ordinaires de la vie, le terme de la majorité est moins reculé que pour les mariages; c'est que les mariages sont de toutes les actions de la vie celles desquelles dépend le bonheur ou le malheur de la vie entière des époux, et qui ont une plus grande influence sur le sort des familles, sur les mœurs générales et sur l'ordre public.

» Jusqu'ici, en parlant de la nécessité du consentement des parens, nous avons supposé que le père et la mère vivaient. Si l'un des deux est mort, ou se trouve dans l'impossibilité de donner son suffrage, nous avons pensé que le consentement de l'autre devait suffire.

» Si les père et mère sont décédés, les aïeuls ou aïeules les remplacent.

» On fait concourir les aïeuls et aïeules des deux lignes paternelle et maternelle : en cas de partage entre les deux lignes, ce partage vaut consentement, parce que, dans le doute, il faut se décider pour la liberté et pour la faveur des mariages. Je ne dois pas omettre une observation. En exigeant, comme autrefois, le consentement des pères et des mères pour le mariage des enfans, nous ne motivons plus la nécessité de ce consentement par les mêmes principes.

» Dans l'ancienne jurisprudence, cette nécessité dérivait de la puissance, et, selon l'expression des auteurs, d'une sorte de droit de propriété qui dans l'origine avait appartenu aux pères sur ceux auxquels ils avaient donné le jour. Ce droit n'était point partagé par la mère pendant la vie du chef; il ne l'était pas non plus par les ascendans de la ligne maternelle, tant qu'il existait des ascendans paternels. Aujourd'hui ces idées de puissance ont été remplacées par d'autres. On a plus d'égards à l'amour des pères et à leur prudence, qu'à leur autorité. De là ce concours simultané des parens au même degré pour remplir les mêmes devoirs et exercer la même surveillance. Un tel système adoucit et étend la magistrature domestique, sans l'énerver. Il communique les mêmes droits à tous ceux qui sont présumés avoir le même intérêt. Il ne relâche point les liens de famille; il les multiplie et les ennoblit.

» A défaut des père et mère et des ascendans, les enfans sont obligés de rapporter le consentement de leurs tuteurs et des conseils de famille, qui exercent à cet égard une sorte de magistrature subsidiaire.

» La protection que la loi accorde aux enfans, en les soumettant à rapporter le consentement de leurs père et mère, était limitée aux enfans légitimes, c'est-à-dire, aux enfans nés d'un mariage contracté selon les formes prescrites. Les enfans naturels n'y avaient aucune part: ils étaient abandonnés à leur libre arbitre dans un âge où il est si difficile de se défendre contre les autres et contre soi-même. Cela tenait au principe dont nous avons déjà fait mention, que le consentement des pères n'était qu'un effet de leur puissance, et qu'il ne dérivait pas originairement de l'intérêt des enfans, mais d'un droit inoui de propriété concédé à ceux qui leur avaient donné le jour. Or, comme la puissance paternelle ne pouvait être produite que par un mariage légitime, les enfans naturels étaient hors de cette puissance.

» Le projet de loi consacre des idées plus équitables. La raison indique que c'est, non une vaine puissance accordée au père, mais l'intérêt des enfans qui doit

motiver

motiver la nécessité du consentement paternel. En conséquence, nous avons cru que l'intérêt des enfans naturels, lorsque ces enfans sont reconnus et peuvent nommer un père certain, n'était pas indigne de fixer la sollicitude du législateur.

» Sans doute il serait contre les bonnes mœurs que les enfans nés d'un commerce illicite eussent les mêmes prérogatives que les enfans nés d'un mariage légitime ; mais l'abandon absolu des enfans naturels serait contre l'humanité.

» Ces enfans n'appartiennent à aucune famille ; mais ils appartiennent à l'État : l'État a donc intérêt à les protéger, et il le doit.

» D'autre part, on ne doute pas que les pères naturels ne soient obligés d'élever leurs enfans, de les entretenir et de les nourrir : la loi positive elle-même a placé ce devoir parmi les obligations premières que la nature, indépendamment de toute loi, impose à tous les pères. Or, le consentement paternel au mariage des enfans ne fait-il pas partie de la tendre sollicitude que l'on doit apporter à leur entretien, à leur éducation, à leur établissement ! La nécessité de ce consentement, qui est fondée sur des raisons naturelles, ne saurait donc être plus étrangère aux enfans naturels qu'aux enfans légitimes : de là nous avons appliqué aux uns et aux autres les dispositions relatives à la nécessité de ce consentement.

» Cependant, comme les enfans naturels n'appartiennent à aucune famille, on ne leur a point appliqué la mesure par laquelle on appelle les aïeuls et aïeules, et ensuite les assemblées de parens, après le décès des père et mère. On eût placé dans des mains peu sûres l'intérêt de ces enfans, en les confiant à des familles dont ils sont plutôt la charge qu'ils n'en sont une portion. Cependant, comme il fallait veiller pour eux, on leur nomme, dans les cas prévus, un tuteur spécial, chargé d'acquitter à leur égard la dette de la nature et de la patrie.

» Quand les enfans, soit naturels, soit légitimes, sont arrivés à leur majorité, ils deviennent eux-mêmes les arbitres de leur propre destinée ; leur volonté suffit : ils n'ont besoin du concours d'aucune autre volonté. Il est pourtant vrai que pendant la vie des père et mère, les enfans majeurs étaient encore obligés de s'adresser aux auteurs de leurs jours pour requérir leur consentement, quoique la loi eût déclaré qu'il n'était plus nécessaire.

Il nous a paru utile aux mœurs de faire revivre cette espèce de culte rendu par la piété filiale au caractère de dignité, et, j'ose dire, de majesté que la nature elle-même semble avoir imprimé sur ceux qui sont pour nous, sur la terre, l'image et même les ministres du créateur.

» Le mariage, quels que soient les contractans, mineurs ou majeurs, suppose leur consentement. Or, point de consentement proprement dit sans liberté : requise dans tous les contrats, elle doit être sur-tout parfaite et entière dans le mariage ; le cœur doit, pour ainsi dire, respirer sans gêne dans une action à laquelle il a tant de part ; ainsi, l'acte le plus doux doit être encore l'acte le plus libre.

» Il est dans nos mœurs qu'un premier mariage valable et subsistant soit un obstacle à un second mariage. La multiplicité des maris ou des femmes peut être autorisée dans certains climats, elle n'est légitime sous aucun ; elle entraîne nécessairement la servitude d'un sexe et le despotisme de l'autre ; elle ne saurait être sollicitée par les besoins réels de l'homme, qui, ayant toute la vie pour se conserver, n'a que des instans pour se reproduire ; elle introduirait dans les familles une confusion et un désordre qui se communiqueraient bientôt au corps entier de la société ; elle choque toutes les idés, elle dénature tous les sentimens ; elle ôte à l'amour tous ses charmes, en lui ôtant tout ce qu'il a d'exclusif ; enfin, elle répugne à l'essence même du mariage, c'est-à-dire, à l'essence d'un contrat par lequel deux époux se donnent tout, le corps et le cœur. En approchant des pays où la polygamie est permise, il semble que l'on s'éloigne de la morale même.

» Le principe qui fait prohiber à un mari la pluralité des femmes et à une femme la pluralité des maris, ne saurait comporter le concours simultané ou successif de plusieurs mariages.

» De deux choses l'une : ou ces mariages subsisteraient ensemble sans se détruire, ou ils se détruiraient l'un par l'autre. Dans le premier cas, vous vous plongeriez dans le stupide abrutissement de certaines nations à-la-fois corrompues et à demi-barbares de l'Asie. Dans le second, vous apprendriez aux hommes à se jouer des engagemens les plus sacrés, puisque vous laisseriez au caprice d'un seul des conjoints le droit inoui de dissoudre un contrat qui est l'ouvrage de la volonté de deux.

Aussi, la maxime, qu'on ne peut contracter un second

mariage tant que le premier subsiste, constitue le droit universel de toutes les nations policées.

Dans tous les temps, le mariage a été prohibé entre les enfans et les auteurs de leurs jours : il serait souvent inconciliable avec les lois physiques de la nature, il le serait toujours avec les lois de la pudeur ; il changerait les rapports essentiels qui doivent exister entre les pères, les mères et leurs enfans ; il répugnerait à leur situation respective, il bouleverserait entre eux tous les droits et tous les devoirs, il ferait horreur.

» Ce que nous disons des père et mère et de leurs enfans, naturels et légitimes, s'applique, en ligne directe, à tous les ascendans et descendans, et alliés dans la même ligne.

» *Les causes de ces prohibitions sont si fortes et si naturelles, qu'elles ont agi presque par toute la terre, indépendamment de toute communication.*

» Ce ne sont point les lois romaines qui ont appris à des sauvages et à des barbares qui ne connaissent pas ces lois, à maudire les mariages incestueux. C'est un sentiment plus puissant que toutes les lois, qui remue et fait frissonner une grande assemblée, lorsqu'on voit, sur nos théâtres, *Phèdre*, plus malheureuse encore que coupable, brûler d'un amour incestueux, et lutter laborieusement entre la vertu et le crime.

» L'horreur de l'inceste du frère avec la sœur et des alliés au même degré, dérive du principe de l'honnêté publique. La famille est le sanctuaire des mœurs ; c'est là où l'on doit éviter avec tant de soin tout ce qui peut les corrompre. Le mariage n'est sans doute pas une corruption ; mais l'espérance du mariage entre des êtres qui vivent sous le même toit, et qui sont déjà invités par tant de motifs à se rapprocher et à s'unir, pourrait allumer des desirs criminels et entraîner des désordres qui souilleraient la maison paternelle, en banniraient l'innocence, et poursuivraient ainsi la vertu jusque dans son dernier asile.

» Les mêmes raisons d'honnêteté publique nous ont déterminés à prohiber le mariage de l'oncle avec la nièce et de la tante avec le neveu. L'oncle tient souvent la place du père, et dès-lors il doit en remplir les devoirs.

» La tante n'est pas toujours étrangère aux soins de la maternité. Les devoirs de l'oncle et les soins de la tante ne pourraient presque jamais s'accorder avec les procédés moins sérieux qui précèdent le mariage et qui le préparent.

B 2

» Les lois romaines et les lois ecclésiastiques portaient plus loin la prohibition de se marier entre parens; les lois romaines avaient défendu le mariage entre cousins-germains. D'abord les lois ecclésiastiques n'avaient fait qu'appuyer la prohibition faite par la loi civile. Insensiblement les canonistes étendirent cette prohibition; et, selon *Dumoulin*, leur doctrine sur cet objet ne fut que la suite d'une erreur évidente.

» Tout le monde sait que le droit civil et le droit canonique comptent les degrés de parenté différemment. Les cousins-germains sont au quatrième degré suivant le droit civil, et ne sont qu'au second suivant le droit canonique.

» Or, les lois romaines ayant défendu les mariages au quatrième degré, on fit une confusion de la façon de compter les degrés au civil et au canonique; et de-là résultèrent les défenses générales de contracter mariage au quatrième degré, c'est-à-dire, jusqu'aux petits-enfans des cousins-germains.

» Nous avons corrigé cette erreur, qui mettait des entraves trop multipliées à la liberté des mariages, et qui imposait un joug trop incommode à la société.

» Nous n'avons pas même cru que le mariage dût être prohibé entre cousins-germains. Il est incontestable que les mariages entre cousins-germains, permis par le droit naturel, n'ont jamais été défendus par le droit divin. Les mariages entre parens étaient même ordonnés par la loi qui fut donnée aux Juifs.

» La première défense contre les mariages des cousins-germains est celle portée par une loi de l'empereur Théodose, vers la fin du quatrième siècle. Cette loi est perdue; mais elle est citée par *Libanius*, par *Aurélius Victor*, et par les premiers pères de l'église, qui conviennent que la loi divine ne défendait point ces mariages, et qu'ils étaient permis avant cette loi.

» Les prohibitions du mariage entre parens, dans les degrés non prohibés par le droit naturel, ont été plus ou moins restreintes ou plus ou moins étendues chez les différens peuples, selon la différence des mœurs et les intérêts politiques de ces peuples. Quand un législateur, par exemple, avait établi un certain ordre de successions, qu'il croyait important d'observer pour la constitution politique de l'État, il réglait les mariages de telle manière qu'ils ne fussent jamais permis entre personnes dont l'union aurait pu changer ou altérer cet ordre. Nous avons vu des exemples de cette sollicitude dans quelques républiques de l'ancienne Grèce. Ailleurs, selon que les familles étaient plus ou moins réunies dans la même maison, et selon l'intérêt plus ou moins grand que l'on avait à favoriser les alliances entre les diverses familles, on étendait ou on limitait davantage les prohibitions du mariage entre parens.

» Dans nos mœurs actuelles, les raisons qui ont pu faire prohiber dans d'autres temps ou dans d'autres pays les mariages entre cousins-germains, ne subsistent plus. Nous n'avons pas besoin de favoriser, et moins encore de forcer par des prohibitions, les alliances des diverses familles entre elles. Nous pouvons nous en rapporter à cet égard à l'influence de l'esprit de société, qui ne prévaut malheureusement que trop parmi nous sur l'esprit de famille. D'autre part, le temps n'est plus où les cousins-germains vivaient comme des frères, et où l'on voyait une nombreuse famille rassemblée toute entière et ne former qu'un seul ménage dans une commune habitation. Aujourd'hui, les frères mêmes sont quelquefois plus étrangers les uns aux autres que ne l'étaient autrefois les cousins-germains. Les motifs de pureté et de décence qui faisaient écarter l'idée du mariage de tous ceux qui vivaient sous le même toit et sous la surveillance d'un même chef, ont donc cessé; et d'autres motifs semblent nous engager au contraire à protéger l'esprit de famille contre l'esprit de société.

» Si les lois de la nature sont inflexibles et invariables, les lois humaines sont susceptibles d'exceptions et de dispenses. Quand on peut le plus, on peut le moins. Un législateur qui serait libre de ne pas porter la loi, peut, à plus forte raison, déclarer qu'elle cessera en certains cas.

» Il ne serait ni sage ni possible que ces cas d'exceptions en toute matière fussent toujours spécifiquement déterminés par le législateur. La loi ne doit pas faire par elle même ce qu'elle ne peut pas bien faire par elle-même; elle doit confier à la sagesse d'autrui ce qu'elle ne saurait régler d'avance par sa propre sagesse.

» De là, l'origine des dispenses en matière de mariage; et l'usage de ces dispenses a été universel, relativement à la prohibition du mariage entre parens.

» Nous n'avons donc pas hésité d'attribuer au Gouvernement le droit d'accorder ces dispenses, quand les circonstances l'exigent. Nous avons pourtant limité ce droit à la prohibition faite du mariage entre l'oncle et la nièce, entre la tante et le neveu, parce que nous avons cru que les motifs d'honnêteté publique, qui faisaient prohiber le mariage entre le frère et la sœur, devaient l'emporter, dans tous les cas, sur les considérations particulières par lesquelles on croirait pouvoir motiver une exception.

» Je ne parle point de la prohibition en ligne directe ; elle ne saurait être susceptible de dispense. Il n'est pas au pouvoir des hommes de légitimer la contravention aux lois de la nature.

» Dans l'ancienne jurisprudence, les dispenses étaient accordées par les ministres de l'Église ; mais en ce point, dans tout ce qui concernait le contrat, les ministres de l'Église n'étaient que les vice-gérens de la puissance temporelle. Car, nous ne saurions trop le dire : la religion dirige le mariage par sa morale, elle le sanctifie par ses rits ; mais il n'appartient qu'à l'État de le régler par des lois dans ses rapports avec l'ordre de la société. Aussi c'est une maxime constante, attestée par tous les hommes instruits, que les empêchemens dirimans ne peuvent être établis que par la puissance qui régit l'État.

» Quand les institutions religieuses et les institutions civiles étaient unies, rien n'empêchait qu'on abandonnât à l'Église le droit d'accorder des dispenses, même pour le contrat : mais ce droit n'existait que parce qu'il était avoué ou toléré par la loi civile.

» La chose est si évidente, qu'elle résulte de tous les monumens de l'histoire. Nous n'avons qu'à jeter les yeux sur ce qui s'est passé dans les premiers âges du christianisme. Ce ne sont point les ministres de l'Église, mais les empereurs qui ont promulgué les premières prohibitions du mariage entre parens ; ce ne sont point les ministres de l'Église, mais les empereurs qui ont d'abord dispensé de ces prohibitions. Nous en avons la preuve dans une loi d'*Honorius*, par laquelle ce prince défend de solliciter auprès de lui des dispenses pour certains degrés, et annonce qu'il n'en donnera qu'entre cousins-germains. Cette loi est au titre X du code Théodosien.

» Il est encore parlé des dispenses que les empereurs donnaient pour mariage, dans une loi de l'empereur *Zenon*, et dans une loi de l'empereur *Anastase*.

» *Cassiodore*, sénateur et conseil des rois goths, rapporte la formule de dispense que ces rois donnaient pour mariages.

» D'après le témoignage du père *Thomassin*, ce n'est

que dans le onzième siècle que les papes commencèrent à accorder des dispenses; et nous voyons que, dans des temps postérieurs, les souverains bien avisés continuèrent à user de leurs droits. Ainsi, l'empereur *Louis IV*, célèbre par ses disputes avec le Saint-Siége, donna, au commencement du quatorzième siècle, des dispenses de parenté à *Louis de Brandebourg* et à *Marguerite*, duchesse de Carinthie.

» La transaction arrêtée à Passau, en 1552, et suivie en 1555 de la paix de la religion, reconnaît le droit que les électeurs et les autres souverains d'Allemagne avaient d'accorder des dispenses.

» En 1592, le roi *Henri IV*, conformément à plusieurs arrêts des parlemens, fit un réglement général par lequel les dispenses en toute matière furent attribuées aux évêques nationaux.

» Ce réglement fut exécuté pendant quatre ans; on vit renaître ensuite l'usage de recourir à Rome pour certaines dispenses que l'on réputa plus importantes que d'autres.

» Mais les droits de la souveraineté sont inaliénables et imprescriptibles. La loi civile peut donc aujourd'hui ce qu'elle pouvait autrefois, et elle a dû reprendre l'exercice du droit d'accorder des dispenses, depuis que le contrat de mariage a été séparé de tout ce qui concerne le sacrement.

» Si les ministres de l'Église peuvent et doivent veiller sur la sainteté du sacrement, la puissance civile est seule en droit de veiller sur la validité du contrat. Les réserves et les précautions dont les ministres de l'Église peuvent user pour pourvoir à l'objet religieux, ne peuvent, dans aucun cas ni en aucune manière, influer sur le mariage même, qui en soi est un objet temporel.

» C'est d'après ce principe, que l'engagement dans les ordres sacrés, le vœu monastique et la disparité de culte, qui, dans l'ancienne jurisprudence, étaient des empêchemens dirimans, ne le sont plus. Ils ne l'étaient devenus que par les lois civiles qui prohibaient les mariages mixtes, et qui avaient sanctionné par le pouvoir coactif les réglemens ecclésiastiques relatifs au célibat des prêtres séculiers et réguliers. Ils ont cessé de l'être depuis que la liberté de conscience est devenue elle-même une loi de l'État, et l'on ne peut certainement contester à aucun souverain le droit de séparer les affaires religieuses d'avec les affaires civiles, qui ne sauraient appartenir au même ordre de choses, et qui sont gouvernées par des principes différens.

» D'après le droit commun, d'après la morale des États, ce ne sont point les cérémonies, c'est uniquement la foi, le consentement des parties, qui font le mariage, et qui méritent à la compagne qu'un homme s'associe, la qualité d'*Epouse ;* qualité si honorable, que, suivant l'expression des anciens, ce n'est point la volupté, mais la vertu, l'honneur même, qui la font appeler de ce nom.

» Mais il importe à la société que le consentement des époux intervienne dans une forme solennelle et régulière.

» Le mariage soumet les conjoints à de grandes obligations envers ceux auxquels ils donnent l'être. Il faut donc que l'on puisse connaître ceux qui sont tenus de remplir ces obligations.

» Les unions vagues et incertaines sont peu favorables à la propagation. Elles compromettent les mœurs; elles entraînent des désordres de toute espéce. Cependant, qui garantirait la sûreté des mariages, si, contractés obscurément et sans précaution légale, ils ressemblaient à ces unions passagères et fugitives que le plaisir produit, et qui finissent avec le plaisir !

» Enfin, la société contracte elle-même des obligations envers des époux dont elle doit respecter l'union. Elle est intéressée à protéger, contre la licence et l'entreprise des tiers, cette union sacrée qui doit être sous la sauve-garde de tous les gens de bien.

» Ces importantes considérations ont déterminé les législateurs à établir des formalités capables de fixer la certitude des mariages, et de leur donner le plus haut degré de publicité. Ces formalités sont l'objet du chapitre second du projet de loi.

» Conformément aux dispositions que ce chapitre présente, le mariage doit être célébré publiquement, devant l'officier civil du domicile de l'une des deux parties.

» Cet officier est le témoin nécessaire de l'engagement des époux. Il reçoit au nom de la loi cet engagement inviolable stipulé au profit de l'État, au profit de la société générale du genre humain.

» La célébration du mariage doit être faite en présence du public, dans la maison commune. On ne peut, sous de vains prétextes, chercher le secret ou le mystère. Rien ne doit être caché dans un acte où le public même

à

à certains égards est partie, et qui donne une nouvelle famille à la cité.

» Nous avons parlé des qualités et des conditions requises pour pouvoir contracter mariage. Pour que ces qualités et ces conditions ne soient pas éludées, deux publications faites à des distances marquées doivent précéder le contrat, et ces publications doivent avoir lieu dans la municipalité où chacun des conjoints a son domicile.

» Un domicile de six mois suffit pour autoriser la célébration du mariage dans le lieu où l'un des contractans a acquis ce domicile. On n'a rien changé sur ce point à l'ancienne jurisprudence. Mais il faut alors que les publications soient faites, non-seulement dans le lieu du domicile abrégé des six mois, mais encore à la municipalité du dernier domicile.

» Si les contractans sont sous la puissance d'autrui, leur prochain mariage est encore publié dans le domicile des personnes sous la puissance desquelles ils se trouvent.

» On peut, selon les circonstances, obtenir la dispense d'une des deux publications, mais jamais des deux. La dispense sera accordée par le Gouvernement, ou par ceux qui auront reçu de lui le pouvoir de l'accorder.

» La terre a été donnée en partage aux enfans des hommes. Un citoyen peut se transporter par-tout, et par-tout il peut exercer les droits attachés à sa qualité d'homme. Dans le nombre de ces drots, le plus naturel est incontestablement la faculté de contracter mariage. Cette faculté n'est pas locale, elle ne saurait être circonscrite par le territoire; elle est, pour ainsi dire, universelle comme la nature, qui n'est absente nulle part. Nous ne refusons donc pas aux Français le droit de contracter mariage en pays étranger, ni celui de s'unir à une personne étrangère. La forme du contrat est réglée alors par les lois du lieu où il est passé. Mais tout ce qui touche à la substance même du contrat, aux qualités et aux conditions qui déterminent la capacité des contractans, continue d'être gouverné par les lois françaises. Il faut même que, trois mois après son retour, le Français qui s'est marié ailleurs qu'en France, vienne faire hommage à sa patrie du titre qui l'a rendu époux ou père, et qu'il naturalise ce titre, en le faisant inscrire dans un registre national.

» Il est plus expédient de prévenir le mal qu'il n'est

facile de le réparer. A quoi serviraient les conditions et les formalités relatives à la célébration du mariage, si personne n'avait action pour empêcher qu'elles ne soient éludées ou enfreintes !

» Le droit de pouvoir s'opposer à un mariage a donc été reconnu utile et même indispensable. Mais ce droit ne doit pas dégénérer en action populaire ; il doit être limité à certaines personnes et à certains cas, à moins qu'on ne veuille que chaque mariage devienne une occasion de scandale et de trouble dans la société.

» Il est juste, par exemple, que l'on puisse s'opposer au second mariage d'un mari ou d'une femme qui ne respecte pas un premier engagement. Il est juste que celui ou celle qui a été partie dans ce premier engagement, puisse défendre son titre, et réclamer l'exécution de la foi promise.

» Pourrait-on raisonnablement refuser aux pères et aux mères, aux aïeuls et aux aïeules, le droit de veiller sur l'intérêt de leurs enfans même majeurs, lorsque la crainte de les voir se précipiter dans des engagemens honteux ou inconsidérés donne l'éveil à leur sollicitude !

» Nous avons senti que les collatéraux ne pouvaient avoir la même faveur, parce qu'ils ne sauraient inspirer la même confiance. Cependant, il est des occasions où il doit être permis à un frère, à un oncle, à un proche, de parler et de se faire entendre. Il ne faut pas sans doute que ces occasions soient arbitraires. Nous les avons limitées au cas où l'on exciperait de la démence du futur conjoint, et à celui où l'on aurait négligé d'assembler le conseil de famille, requis pour les mariages des mineurs qui ont perdu leurs père et mère et autres ascendans. Nous avons pensé que, dans ces occurrences, on ne pouvait étouffer la voix de la nature, puisque les circonstances ne permettaient pas de la confondre avec celle des passions.

» On soumet à des dommages et intérêts ceux qui succombent dans leur opposition, si cette opposition à été funeste à ceux dont elle a différé ou même empêché le mariage, car souvent une opposition mal fondée peut mettre obstacle à une union sortable et légitime. Il existe alors un préjudice grave; ce préjudice doit être réparé. N'importe qu'il n'y ait eu qu'imprudence ou erreur dans la personne qui a cru devoir se rendre opposante : il n'y a point à balancer entre celui qui se trompe et celui qui souffre.

» La même rigueur n'est point appliquée aux pères et aux mères ni aux autres ascendans. Les pères et les aïeuls sont toujours magistrats dans leurs familles, lors même que vis-à-vis de leurs enfans ils paraissent ne se montrer que comme parties dans les tribunaux. Leur tendresse présumée écarte d'eux tout soupçon de mauvaise foi, et elle fait excuser leur erreur. Après la majorité accomplie de leurs enfans, l'autorité des pères finit; mais leur amour, leur sollicitude ne finit pas.

» Souvent on n'a aucune raison décisive pour empêcher un mauvais mariage. Mais un père ne peut point renoncer à l'espoir de ramener son enfant par des conseils salutaires : il se rend opposant, parce qu'il sait que le temps est une grande ressource contre les déterminations qui peuvent tenir à la promptitude de l'esprit, à la vivacité du caractère ou à la fougue des passions. Pourrait-on punir, par une adjudication de dommages et intérêts, ce père déjà trop malheureux des espérances qu'il avait conçues, et des sages lenteurs sur lesquelles il fondait ses espérances ! La conscience, le cœur d'un bon père est un asile qu'il ne faut pas indiscrétement forcer.

» Il a existé un temps, et ce temps n'est pas loin de nous, où, sous le prétexte de la plus légère inégalité dans la fortune ou la condition, on osait former opposition à un mariage honnête et raisonnable. Mais aujourd'hui où l'égalité est établie par nos lois, deux époux pourront céder aux douces inspirations de la nature, et n'auront plus à lutter contre les préjugés de l'orgueil, contre toutes ces vanités sociales qui mettaient dans les alliances et dans les mariages, la gêne, la nécessité, et, nous osons le dire, la fatalité du destin même. On a moins à craindre ces oppositions bizarres qui étaient inspirées par l'ambition, ou commandées par l'avarice. On ne craint plus ces spéculations combinées avec tant d'art, dans lesquelles, en fait de mariage, on s'occupait de tout, excepté du bonheur. Toutes les classes de la société étaient plus ou moins dominées par les mêmes préjugés ; les vanités étaient graduées comme les conditions : un caractère sûr, des vertus éprouvées, les grâces de la jeunesse, les charmes même de la beauté, tout était sacrifié à des idées ridicules et misérables, qui faisaient le malheur des générations présentes, et qui étouffaient d'avance les générations à venir.

» Dans le système de notre législation, nous ne sommes plus exposés aux mêmes dangers ; chacun est devenu plus maître de sa destinée : mais il ne faut pas tomber dans l'extrémité contraire. Le souvenir de l'abus que l'on faisait des oppositions aux mariages des fils de famille ou des citoyens, n'a pas dû nous déterminer à proscrire toute opposition. Nous eussions favorisé le jeu des passions et la licence des mœurs, en croyant ne protéger que la liberté des mariages.

» Le mariage est valable quand il est conforme aux lois. Il est même parfait avant que d'avoir été consommé.

» Dans le système du droit civil qui régissait la France, un mari périssait-il par accident ou par toute autre cause avant la consommation, la veuve était obligée de porter le deuil ; la communauté, dans les pays où elle était admise, avait lieu depuis la célébration du mariage. Les gains nuptiaux, les avantages coutumiers étaient acquis, les donations réciproques s'exécutaient.

» On ne s'écartait de ces principes que dans quelques coutumes particulières et isolées, qui ne supposaient un mariage réel que lorsque la femme, selon l'expression de ces coutumes, avait *été introduite dans le lit nuptial.*

» Presque par-tout, le caractère moral imprimé au contrat, par la foi que les époux se donnent, prévalait sur tout autre caractère.

» Mais si la consommation du mariage n'a jamais été réputée nécessaire pour sa validité, on a du moins pensé, dans tous les temps, qu'un mariage est nul lorsque les conditions et les formes prescrites par les lois n'ont point été observées.

» On sait ce qui a été dit contre les mariages clandestins et contre les mariages secrets. Il importe de fixer l'idée que l'on doit se former de ces deux espèces de mariages. Elles ont donné lieu à beaucoup de méprises, même parmi les hommes instruits, qui n'ont pas toujours su les distinguer avec précision.

» Une déclaration de 1639 privait les mariages secrets de tous effets civils. On appelait *mariages secrets*, ceux qui, quoique contractés selon les lois, avaient été tenus cachés pendant la vie des époux. On avait établi en maxime qu'il ne suffisait pas, pour la publicité d'un mariage, qu'il eût été célébré avec toutes les formalités prescrites, mais qu'il fallait encore qu'il fût suivi, de la part des deux époux, d'une profession publique de leur état.

» Le législateur, en flétrissant les mariages secrets, craignait pour l'éducation des enfans nés d'une union tenue cachée ; il craignait même pour la certitude de leur naissance ; il voulait parer au scandale que peut faire naître la vie commune de deux époux, quand le public ne connaît pas le véritable lien qui les unit et les rapproche ; il voulait sur-tout, d'après l'extrême différence qui existait alors dans les rangs et les conditions des citoyens, prévenir ces alliances inégales qui blessaient l'orgueil des grands noms, ou qui ne pouvaient se concilier avec l'ambition d'une grande fortune.

» C'est par la conduite des époux que l'on jugeait du secret de leur union. Un mariage célébré selon les formes, a toujours une publicité quelconque ; mais on ne comptait pour rien cette publicité d'un moment, si elle était démentie par la vie entière des conjoints.

» On ne réputait un mariage public que lorsque les époux ne rougissaient pas d'être unis, lorsqu'ils manifestaient leur union par leur vie publique et privée, lorsqu'ils demeuraient ensemble, lorsque la femme portait le nom de son mari, lorsque les enfans portaient le nom de leur père, lorsque les deux familles alliées étaient respectivement instruites du lien qui les approchait, lorsqu'enfin les relations d'état étaient publiques et notoires.

» On appelait en conséquence *mariage secret,* celui dont la connaissance avait été concentrée avec soin parmi le petit nombre de témoins nécessaires à sa célébration, et avait été attentivement dérobée aux regards des autres hommes, c'est-à-dire à cette portion de la société qui, par rapport à chaque particulier, forme ce que nous appelons le public.

» Nous n'avons plus les mêmes raisons de redouter l'abus des mariages secrets.

» D'abord, la liberté des mariages n'ayant plus à lutter contre la plupart des préjugés qui la gênaient, les citoyens sont sans intérêt à cacher à l'opinion un mariage qu'ils ne cherchent pas à dérober aux regards de la loi.

» En second lieu, quand les mariages étaient attribués aux ecclésiastiques, le ministre du contrat offrait aux époux qui voulaient contracter un mariage que le respect humain ne leur permettait pas d'avouer, un dépositaire plus indulgent et plus discret. Il n'eût été ni juste ni raisonnable d'exiger qu'un ministre de la religion eût, dans le conflit des convenances ou des préjugés de la société et des intérêts de la conscience, sacrifié les intérêts de la conscience aux préjugés et aux simples convenances de la société. Les époux étaient donc assurés, dans les occurrences difficiles, de trouver toutes les ressources et tous les ménagemens que leur situation exigeait. Sans blesser les lois qui établissaient les formes publiques de la célébration, on accordait des permissions et des dispenses qui en modifiaient l'exécution et en tempéraient la rigueur. Un mariage pouvait rester secret, malgré l'observation littérale des formes établies pour en garantir la publicité. Dans l'état actuel des choses, le mariage est célébré en présence de l'officier civil, et il est célébré dans la maison commune. Cet officier n'a aucun pouvoir personnel de changer le lieu, ni de modifier les formalités de la célébration; il n'est chargé que des intérêts de la société. On est obligé de recourir au Gouvernement pour obtenir la dispense d'une des deux publications. Le secret devient impossible, il ne pourrait être que l'ouvrage de la fraude. Vainement les deux époux chercheraient-ils des précautions pour cacher, pendant le reste de leur vie, une union qu'ils n'auraient pu éviter de contracter publiquement. Il est donc clair que la crainte des mariages secrets doit disparaître avec les diverses causes qui la produisaient.

» Le vrai danger serait celui de conserver un point de jurisprudence, toujours incertain et arbitraire dans son application. L'observation des formes dans la célébration du mariage doit suffisamment garantir sa publicité de droit et de fait. Si, malgré l'observation de ces formes, des époux pouvaient encore se voir exposés à la privation des effets civils, sous prétexte que par leur conduite postérieure ils ont cherché à rendre leur union secrète, qu'elle source d'incertitudes et de troubles pour les familles! Toutes les fois que la question d'un mariage prétendu secret se présentait aux tribunaux, les juges manquaient d'une règle assurée pour prononcer. Leur raison se perdait dans un dédale de faits, d'enquêtes, de témoignages plus ou moins suspects et de présomptions plus ou moins concluantes. Des démarches indifférentes, des circonstances fugitives étaient travesties en preuves; et après avoir fidèlement observé toutes les lois, on était exposé à perdre la sûreté qu'elles garantissent à ceux qui les observent et les respectent.

» Il en est autrement des mariages clandestins. Ou il faut renoncer à toute législation sur les mariages, ou il faut proscrire la clandestinité; car, d'après la définition des jurisconsultes, les *mariages clandestins* sont ceux que la société n'a jamais connus, qui n'ont été célébrés devant aucun officier public, et qui ont constamment été ensevelis dans le mystère et dans les ténèbres. Cette espèce de mariage clandestin n'est pas la seule ; elle est la plus criminelle. On place encore parmi les mariages clandestins ceux qui n'ont point été précédés des publications requises, ou qui n'ont point été célébrés devant l'officier civil que la loi indiquait aux époux, ou dans lesquels le consentement des père et mère, des aïeuls et aïeules et des tuteurs, n'est point intervenu. Comme toutes ces précautions ont été prises pour prévenir la clandestinité, il y a lieu au reproche de clandestinité quand on a négligé ces précautions.

» La nullité des mariages clandestins est évidente.

» Mais un mariage peut être nul sans être clandestin. Ainsi, le défaut d'âge, le défaut de liberté, la parenté des époux au degré prohibé, annullent le mariage, sans lui imprimer d'ailleurs aucun caractère de clandestinité.

» Les mariages, contractés à l'extrémité de la vie, étaient encore prohibés par la déclaration de 1639, dont nous parlions tantôt Il paraissait étrange qu'une personne mourante pût concevoir l'idée de transformer subitement son lit de mort en lit nuptial, et pût avoir la prétention d'allumer les feux brillans de l'hymen à côté des torches funèbres, dont la sombre lueur semblait déjà réfléchir sur une existence presque éteinte. On appréhendait, avec quelque fondement, les surprises et les machinations ténébreuses qui pouvaient être pratiquées en pareille occurrence, pour arracher à la faiblesse ou à la maladie un consentement auquel la volonté n'aurait aucune part. On appréhendait encore que ceux qui aiment les douceurs du mariage sans en aimer les charges, ne fussent invités à vivre dans un célibat honteux, par l'espoir d'effacer un jour, à l'ombre d'un simulacre de mariage, les torts de leur vie entière

» Il faut convenir que la considération de ces dangers avait quelque poids : mais qu'était-ce qu'un mariage *in extremis !* Ici l'art conjectural de la médecine venait ajouter aux doutes et aux incertitudes de la jurisprudence. A chaque instant un mariage légitime pouvait être compromis, et il était difficile d'atteindre un mariage frauduleux. Nous trouvons à peine, dans nos immenses recueils d'arrêts, deux ou trois jugemens intervenus sur cette matière ; et ces jugemens ne font qu'attester les embarras qu'éprouvaient les tribunaux dans l'application de la loi.

» Est-il d'ailleurs certain que cette loi fût bonne et

convenable! L'équité comporte-t-elle que l'on condamne au désespoir un père mourant, dont le cœur, déchiré par le remords, voudrait, en quittant la vie, assurer l'état d'une compagne qui ne l'a jamais abandonné, ou celui d'une postérité innocente dont il prévoit la misère et le malheur! Pourquoi des enfans qui ont fixé sa tendresse, et une compagne qui a mérité sa reconnaissance, ne pourraient-ils pas, avant de recueillir ses deniers soupirs, faire un appel à sa justice! Pourquoi le forcerait-on à être inflexible, dans un moment où il a lui-même besoin de faire un appel à la miséricorde! En contemplant la déplorable situation de ce père, on se dit que la loi ne peut ni ne doit aussi cruellement étouffer la nature.

» Les différentes nullités d'un mariage ne sont pas toutes soumises aux mêmes règles; dans l'école, on les a distinguées en nullités absolues et en nullités relatives. On a attribué aux unes et aux autres des effets différens. Mais l'embarras était de suivre dans la pratique une distinction qu'il était si facile d'énoncer dans la théorie. De nouveaux doutes provoquaient à chaque instant de nouvelles décisions; les difficultés étaient interminables.

» On a compris que le langage de la loi ne pouvait être celui de l'école. En conséquence, dans le projet que nous présentons, nous avons appliqué à chaque nullité les règles qui lui sont propres.

» Une des premières causes qui peuvent faire annuller le mariage, est le défaut de liberté.

» Il a été arrêté que l'action produite par le défaut de liberté ne peut être exercée que par les deux époux, ou par celui des deux dont le consentement n'a pas été libre. Cela dérive de la nature même des choses.

» Le défaut de liberté est un fait dont le premier juge est la personne qui prétend n'avoir pas été libre. Des tiers peuvent avoir été les témoins de procédés extérieurs, desquels on se croit autorisé à conclure qu'il y a eu violence ou contrainte : mais ils ne peuvent jamais apprécier l'impression continue ou passagère qui a été ou qui n'a pas été opérée par ces procédés.

» Il est rare qu'un mariage soit déterminé par une violence réelle et à force ouverte. Un tel attentat dégénérerait en rapt ou en viol; il y aurait plus que nullité, il y aurait crime. Communément, les faits de crainte qui opèrent le défaut de liberté sont des faits graves sans doute, et capables d'ébranler une ame forte, mais plus cachés, et combinés avec plus de prudence que ne l'est un un acte caractérisé de violence. C'est conséquemment à la personne qui se plaint de n'avoir pas été libre, à nous dénoncer sa situation. Quel est celui qui aurait le droit de soutenir que je n'ai pas été libre, quand, malgré les apparences, j'assure l'avoir été ! Dans une affaire aussi personnelle, mon témoignage ne serait-il pas supérieur à tout autre témoignage ! Le sentiment de ma liberté n'en deviendrait-il pas la preuve !

» Il y a plus : une volonté d'abord forcée, ne l'est pas toujours ; ce que l'on a fait dans le principe par contrainte, on peut dans la suite le ratifier par raison et par choix. Qui serait donc autorisé à se plaindre, quand je ne me plains pas ! Mon silence ne repousse-t-il pas tous ceux qui voudraient inconsidérément parler quand je me tais !

» Il est incontestable que le défaut de liberté peut être couvert par un simple consentement tacite. Cela était vrai même pour les vœux monastiques. Après un certain temps, le silence faisait présumer le consentement, et l'on refusait d'écouter le religieux même qui réclamait contre son engagement. Aucun tiers n'était admis dans aucun temps à exercer l'action du religieux qui gardait le silence, lorsqu'il aurait pu le rompre s'il l'avait voulu. Or, si dans l'hypothèse du vœu monastique, où il ne s'agissait que de l'intérêt du religieux, on eût craint, en donnant action à des tiers, de troubler un engagement imparfait dans son origine, mais confirmé dans la suite, au moins par le silence de la partie intéressée, comment permettrait-on à des tiers de venir troubler un mariage existant, au préjudice des enfans, au préjudice de deux familles, au préjudice des époux eux-mêmes qui ne réclament pas !

» Donc, rien de plus sage que de n'avoir donné action pour le défaut de liberté qu'aux deux époux, ou à celui des deux dont le consentement n'a pas été libre.

» S'il n'y a point de véritable consentement lorsqu'il n'y a point de liberté, il n'y a pas non plus de consentement véritable quand il y a erreur.

» L'erreur, en matière de mariage, ne s'entend pas d'une simple erreur sur les qualités, la fortune ou la condition de la personne à laquelle on s'unit, mais d'une erreur qui aurait pour objet la personne même. Mon intention déclarée était d'épouser une telle personne ; on me trompe, ou je suis trompé par un concours singulier de circonstances, et j'en épouse une autre qui lui est substituée à mon insu et contre mon gré : le mariage est nul

» Mais, dans ce cas, l'action ne compète qu'à moi, parce qu'elle ne peut compéter qu'à l'époux qui a été induit en erreur.

» Dans l'hypothèse de l'erreur et dans celle du défaut de liberté, il fallait prescrire de sages limites à l'action même que l'on donne aux époux. On l'a fait en statuant que la demande en nullité ne sera plus recevable toutes les fois qu'il constera d'une cohabitation continuée pendant six mois depuis que l'erreur aura été reconnue, ou que la liberté aura été recouvrée.

» Le mariage contracté sans le consentement des père et mère, des ascendans ou du conseil de famille, dans le cas où ce consentement était nécessaire, ne peut être attaqué que par ceux dont le consentement était requis ou par celui des deux époux qui avait besoin de ce consentement.

» Il est naturel d'interdire aux collatéraux une action qui ne peut compéter qu'aux parens dont le consentement est nécessaire. Ceux-ci vengent leur propre injure en exerçant cette action ; ils font plus, ils remplissent un devoir. La loi requérait leur intervention dans le mariage, pour l'utilité même des époux. Ils satisfont au vœu de la loi, ils répondent à sa confiance, en cherchant à réparer par la voie de la cassation le mal qu'ils n'ont pu prévenir par les voies plus douces d'une tendre surveillance. Que deviendrait la loi qui exige la nécessité du consentement des parens, si ceux-ci ne pouvaient la réclamer quand elle est violée !

» Nous avons également cru juste d'accorder aux enfans à qui le consentement des parens était nécessaire, le droit de faire annuller leur propre mariage par la considération du défaut de ce consentement. En général, il est permis à tous ceux qui ont contracté une obligation nulle et vicieuse, de réclamer contre leur engagement, et sur-tout lorsqu'ils l'ont contracté pendant leur minorité. L'intérêt des parties est la mesure de leur action ; et si on reçoit favorablement les plaintes d'un mineur qui prétend avoir été surpris dans une convention peu importante, on doit, avec plus de justice, lui accorder la même faveur, lorsqu'il demande à être restitué contre l'aliénation qu'il a faite de tous ses biens et de sa personne.

» Mais l'action en nullité provenant du défaut de consentement des parens, ne peut plus être intentée, ni par les époux, ni par les parens dont le consentement était requis, toutes les fois que le mariage a été approuvé expressément ou tacitement par ceux dont le consentement était nécessaire, ou lorsqu'il s'est écoulé une année sans réclamation de leur part depuis qu'ils ont eu connaissance du mariage. Elle ne peut être intentée non plus par l'époux, lorsqu'il s'est écoulé une année sans réclamation de sa part depuis qu'il a atteint l'âge compétent pour consentir lui-même à son mariage. La sagesse de ces dispositions est évidente par elle-même.

» Les nullités qui dérivent du défaut d'âge, de l'existence d'un premier lien et de l'empêchement de consanguinité, sont d'une autre nature que les nullités précédentes. Elles intéressent l'ordre public et les bonnes mœurs : elles ne sont pas uniquement relatives à l'intérêt privé des époux, elles sont liées aux principes de l'honnêteté publique. Aussi l'action est ouverte, non-seulement aux époux, mais à tous ceux qui y ont intérêt, et même au ministère public qui est le gardien des mœurs et le vengeur de tous les désordres qui attaquent la société.

» Cependant le remède deviendrait souvent pire que le mal, si la faculté que l'on donne de dénoncer les nullités dont nous parlons, demeurait illimitée dans ses effets comme dans sa durée.

Par exemple, le défaut d'âge est réparable. Il serait donc absurde qu'il servît de prétexte pour attaquer un mariage lorsqu'il s'est déjà écoulé un délai de six mois après que les époux auraient atteint l'âge compétent. Alors la nullité n'existe plus : l'effet ne doit pas survivre à sa cause. On donne un délai de six mois, parce que toutes les fois que la loi donne une action, elle doit laisser un temps utile pour l'exercer.

» Il serait encore peu raisonnable que l'on pût exciper du défaut d'âge, quand une grossesse survient dans le ménage avant l'échéance des six mois donnés pour exercer l'action en nullité. La loi ne doit pas aspirer au droit d'être plus sage que la nature : la fiction doit céder à la réalité.

» L'action doit être refusée, dans l'hypothèse dont il s'agit, aux pères, mères, ascendans, et à la famille, s'ils ont consenti au mariage avec connaissance de cause.

Il ne faut pas qu'ils puissent se jouer de la foi du mariage après s'être joués des lois.

» Dans les cas que nous venons d'énumérer, l'action en nullité compète aux collatéraux, et à tous ceux qui y ont intérêt. Mais, comme cette action ne peut naître qu'avec l'intérêt qui en est le principe, les collatéraux ou les enfans nés d'un autre mariage ne sont point admis à l'exercer du vivant des deux époux, mais seulement lorsqu'ils ont un droit échu et un intérêt actuel.

» En thèse, des collatéraux ou des héritiers avides sont écoutés peu favorablement. Ils n'ont en leur faveur, ni le préjugé de la nature, ni l'autorité de la loi. L'espérance d'accroître leur patrimoine ou leur fortune est le seul mobile de leur démarche; cette espérance seule les anime. Ils n'ont aucune magistrature domestique à exercer sur des individus qui ne sont pas confiés à leur sollicitude. Ils ne doivent donc pas être admis à troubler un mariage concordant et paisible. Ils ne doivent et ils ne peuvent se montrer que lorsqu'il s'agit de savoir s'ils sont exclus d'une succession par des enfans légitimes, ou s'ils sont fondés à contester l'état de ces enfans, et à prendre leur part dans cette succession. Hors de-là, ils n'ont point d'action.

» Il ne faudrait pas ranger dans la classe des collatéraux ou de toutes autres personnes qui ne peuvent attaquer un mariage nul, pendant la vie des conjoints, l'époux qui se prévaut d'un premier engagement contracté en sa faveur, et toujours subsistant, pour faire anéantir un second engagement frauduleux. Cet époux peut incontestablement attaquer le second mariage du vivant même du conjoint qui était uni à lui par un premier lien; car c'est précisément l'existence de ce premier lien qui fait la nullité du second ; et le plus grand profit de la demande en nullité, est, dans ce cas, de faire disparaître le second mariage pour maintenir et venger le premier.

» Dans le concours de deux mariages, si l'époux délaissé peut attaquer le second comme nul, ceux qui ont contracté ce second mariage peuvent également arguer le premier de nullité : ce qui est nul ne produit aucun effet. Un premier mariage non valablement contracté ne peut donc légalement motiver la cassation d'un second mariage valable ; conséquemment la question élevée sur la validité du premier mariage, suspend nécessairement le sort du second. Cette question est un préalable qu'il faut vider avant tout.

» Nous avons dit que le commissaire du Gouvernement, que le ministère public peut s'élever d'office contre un mariage infecté de quelqu'une des nullités que nous avons énoncées comme appartenant au droit public ; l'objet de ce magistrat doit être de faire cesser le scandale d'un tel mariage, et de faire prononcer la séparation des époux. Mais gardons-nous de donner à cette censure confiée au ministère public pour l'intérêt des mœurs et de la société, une étendue qui la rendrait oppressive, et qui la ferait dégénérer en inquisition. Le ministère public ne doit se montrer que quand le vice du mariage est notoire, quand il est subsistant, ou quand une longue possession n'a pas mis les époux à l'abri des recherches directes du magistrat. Il y a souvent plus de scandale dans les poursuites indiscrètes d'un délit obscur, ancien ou ignoré, qu'il n'y en a dans le délit même.

» Les publications qui précèdent le mariage ont été introduites pour qu'on puisse être averti, dans un temps convenable, des empêchemens qui pourraient rendre le mariage nul. L'omission de ces publications et l'inobservation des délais dans lesquels elles doivent être faites, peuvent opérer la nullité d'un mariage en certains cas : mais, parce que les lois qui ont établi ces formalités n'ont en vue que certaines personnes et certaines circonstances; lorsque ces circonstances ne subsistent plus, lorsque l'état des personnes est changé, et que leur volonté est toujours la même, ce qui était nul dans son principe, se ratifie dans la suite, et l'on n'applique point au mariage cette maxime qui n'a lieu que dans les testamens : *Quod ab initio non valet, tractu temporis non convalescit.*

» La plus grave de toutes les nullités est celle qui dérive de ce qu'un mariage n'a pas été célébré publiquement, et en présence de l'officier civil compétent. Cette nullité donne action aux pères et aux mères, aux époux, au ministère public, et à tous ceux qui y ont intérêt. Elle ne peut être couverte par la possession ni par aucun acte exprès ou tacite de la volonté des parties; elle est indéfinie et absolue. Il n'y a pas mariage, mais commerce illicite entre des personnes qui n'ont point formé leur engagement en présence de l'officier civil compétent, témoin nécessaire du contrat. Dans notre législation actuelle, le défaut de présence de l'officier civil compétent, a les mêmes effets qu'avait autrefois le défaut de présence du propre curé. Le mariage était radicalement nul; il n'offrait qu'un attentat aux droits de la société, et une infraction manifeste des lois de l'État.

» Aussi, nul ne peut réclamer le titre d'époux et les effets civils du mariage, s'il ne représente un acte de célébration inscrit sur le registre de l'état civil. On admettait les mariages présumés, avant l'ordonnance de Blois. Cet abus a disparu : il faut un titre écrit, attesté par des témoins et par l'officier public que la loi désigne. La preuve testimoniale et les autres manières de preuves ne sont reçues que dans les cas prévus par la loi sur *les actes de l'état civil*, et aux conditions prescrites par cette loi. Aucune possession ne saurait dispenser de représenter le titre ; car la possession seule ne désigne pas plus un commerce criminel qu'un mariage légitime. Si la possession sans titre ne garantit aucun droit, le titre avec la possession devient inattaquable.

» Des époux dont le titre aurait été falsifié, ou qui auraient rencontré un officier public assez négligent pour ne pas s'acquitter des devoirs de sa place, auraient action pour faire punir le crime et réparer le préjudice. Si l'officier public était décédé, ils auraient l'action en dommage contre ses héritiers.

» La preuve acquise de la célébration d'un mariage, soit par la voie extraordinaire, soit par la voie civile, garantit aux époux et aux enfans tous les effets du mariage à compter du jour de sa célébration ; car la preuve d'un titre n'est pas un titre nouveau, elle n'est que la déclaration d'un titre préexistant, dont les effets doivent remonter à l'époque déterminée par sa date. Mais nous ne saurions trop le dire : pour constater un mariage, il faut un titre, ou l'équivalent.

Au reste, n'exagérons rien et distinguons les temps. Autre chose est de juger des preuves d'un mariage pendant la vie des époux, autre chose est d'en juger après leur mort et relativement à l'intérêt des enfans. Pendant la vie des époux, la représentation du titre est nécessaire. Des conjoints ne peuvent raisonnablement ignorer le lieu où ils ont contracté l'acte le plus important de leur vie, et les circonstances qui ont accompagné cet acte ; mais, après leur mort, tout change. Des enfans, souvent délaissés dès leur premier âge par les auteurs de leurs jours, ou transportés dans des contrées éloignées, ne connaissent et ne peuvent connaître ce qui s'est passé avant leur naissance. S'ils n'ont point reçu de documens, si les papiers domestiques manquent, quelle sera leur ressource! La jurisprudence ne les condamne point au désespoir. Ils sont admis à prouver que les auteurs de leurs jours vivaient comme époux, et qu'ils avaient la possession de leur état. Il suffit même pour les enfans que cette possession de leurs père et mère soit énoncée dans leur acte de naissance : c'est acte est leur titre. C'est dans le moment de cet acte que la patrie les a marqués du sceau de ses promesses ; c'est sous la foi de cet acte qu'ils ont toutoujours existé dans le monde ; c'est avec cet acte qu'ils peuvent se produire et se faire reconnaître; c'est cet acte qui constate leur nom, leur origine, leur famille ; c'est cet acte qui leur donne une cité et qui les met sous la protection des lois de leur pays. Qu'ont-ils besoin de remonter à des époques qui leur sont étrangères! Pouvaient-ils pourvoir à leur intérêt, quand il n'existait point encore! Leur destinée n'est-elle pas irrévocablement fixée par l'acte inscrit dans des registres que la loi elle-même a établis pour constater l'état des citoyens, et pour devenir, pour ainsi dire, dans l'ordre civil, le livre des destinées!

» Quoique régulièrement le seul mariage légitime et véritable puisse faire de véritables époux et produire des enfans légitimes, cependant, par un effet de la faveur des enfans, et par la considération de la bonne-foi des époux, il a été reçu, par équité, que s'il y avait quelque empêchement caché qui rendît ensuite le mariage nul, les époux, s'ils avaient ignoré cet empêchement, et les enfans nés de leur union, conserveroient toujours le nom et les prérogatives d'époux et d'enfans légitimes, parce que les uns se sont unis, et les autres sont nés sous le voile, sous l'ombre, sous l'apparence du mariage.

» De-là cette maxime commune, que le mariage putatif, pour nous servir de l'expression des jurisconsultes, c'est-à-dire celui que les conjoints ont cru légitime, a le même effet pour assurer l'état des époux et des enfans, qu'un mariage véritablement légitime : maxime originairement introduite par le droit canonique, depuis longtemps adoptée dans nos mœurs, et aujourd'hui consacrée par le projet de loi.

» Quand un seul des conjoints est dans la bonne foi, ce conjoint seul peut réclamer les effets civils du mariage. Quelques anciens jurisconsultes avaient pensé que, dans ce cas, les enfans devaient être légitimes par rapport à l'un des conjoints, et illégitimes par rapport à l'autre; mais on a rejeté leur opinion, sur le fondement que l'état des hommes est indivisible, et que, dans le concours, il fallait se décider entièrement pour la légitimité.

» Le mariage soumet à de grandes obligations ceux qui le contractent.

» Parmi ces obligations, la première est celle de nourrir, entretenir et élever ceux auxquels on a donné le jour.

» Les alimens et l'entretien ont pour objet la conservation et le bien-être de la personne. L'éducation se rapporte à son avantage moral.

» Dans les pays de droit écrit, le père était obligé de doter sa fille pour lui procurer un établissement. Cette obligation n'existait pas pour le père dans les pays de coutume.

» Il fallait se décider entre ces deux jurisprudences absolument opposées l'une à l'autre. On a donné la préférence à la jurisprudence coutumière, comme moins susceptible d'inconvéniens et d'abus.

» L'action qu'une fille avait, dans les pays de droit écrit, pour obliger son père à la doter, avait peu de danger, parce que, dans ces pays, la puissance paternelle était si grande, qu'elle avait tous les moyens possibles de se maintenir contre l'inquiétude et la licence des enfans.

» Aujourd'hui cette puissance n'est plus ce qu'elle était. Il ne faut pas l'avilir après l'avoir affaiblie. Il ne faut pas conserver aux enfans les moyens d'attaque, quand on a dépouillé le père de ses moyens de défense.

» Dans les pays coutumiers, où la puissance paternelle était plus tempérée, on n'avait eu garde de laisser aux enfans le droit d'inquiéter leurs pères. Il n'y avait donc point à balancer entre la jurisprudence des pays coutumiers et celle des pays de droit écrit. Comme il faut que tout soit en harmonie, il eût été absurde d'augmenter les droits des enfans quand on diminuait ceux des pères. L'équilibre eût été rompu, les familles eussent été déchirées par des troubles journaliers. L'audace des enfans se fût accrue, et il n'aurait plus existé de gouvernement domestique.

» En laissant subsister la jurisprudence des pays de coutume, on ne fait aucune révolution dans ces pays. On en eût fait une funeste, si on y eût introduit un droit nouveau,

» A

» A la vérité, dans les pays de droit écrit on opère un changement par rapport au droit des filles, puisqu'on y affaiblit ce droit en y introduisant la jurisprudence des pays de coutume. Mais ce changement, contraire aux droits des enfans, est suffisamment compensé à leur profit par les changemens qu'a éprouvés la puissance des pères.

» Ce n'est pas dans un temps où tant d'événemens ont relâché tous les liens, qu'il faut achever de les briser tous. On va au mal par une pente rapide, et on ne remonte au bien qu'avec effort. S'il est des objets dans lesquels les lois doivent suivre les mœurs, il en est d'autres où les mœurs doivent être corrigées par les lois.

» Nous avons donc cru, après avoir pesé les inconvéniens et les avantages des diverses jurisprudences qui régissaient la France, que les enfans ne devaient point avoir action contre leurs père et mère pour un établissement par mariage ou autrement.

» Si les père et mère sont obligés de nourrir leurs enfans, les enfans sont obligés à leur tour de nourrir leurs père et mère.

» L'engagement est réciproque, et de part et d'autre il est fondé sur la nature.

» Les gendres et les belles-filles sont soumis à la même obligation envers leurs beau-père et belle-mère. Cette obligation cesse, 1.° dans le cas où la belle-mère a contracté un second mariage; 2.° lorsque celui des époux qui produisait l'affinité, et les enfans de son union avec l'autre époux, sont décédés.

» Les beaux-pères et les belles-mères sont tenus, de leur côté, quand les circonstances l'exigent, de fournir des alimens à leur gendre et à leur belle-fille.

» La parenté d'alliance imite la parenté du sang.

» Les alimens comprennent tout ce qui est nécessaire. Mais il faut distinguer deux sortes de nécessaire : l'absolu et le relatif. L'absolu est réglé par les besoins indispensables de la vie; le relatif, par l'état et les circonstances. Le nécessaire relatif n'est donc pas égal pour tous les hommes; l'absolu même ne l'est pas. La vieillesse a plus de besoins que l'enfance; le mariage, que le célibat; la faiblesse, que la force; la maladie, que la santé.

» Les bornes du nécessaire absolu sont fort étroites. Un peu de justice et de bonne foi suffisent pour les connaître. A l'égard du nécessaire relatif, il est à l'arbitrage de l'opinion et de l'équité.

» Le devoir de fournir des alimens cesse quand celui

à qui on les doit, recouvre une fortune suffisante, ou quand celui qui en est débiteur, tombe dans une indigence qui ne lui permet pas ou qui lui permet à peine de se nourrir lui-même. Un père et une mère peuvent, suivant les circonstances, refuser de fournir des alimens à leurs enfans, en offrant de les recevoir dans leur maison. C'est au juge à déterminer les cas où l'obligation de fournir des alimens est susceptible de cette modification et de ce tempérament. Ces sortes de questions sont plutôt des questions de fait que des questions de droit.

» Après nous être occupés des obligations qui naissent du mariage entre les pères et les enfans, nous avons fixé notre attention sur les droits et les devoirs respectifs des époux.

Ils se doivent mutuellement fidélité, secours et assistance.

» Le mari doit protection à sa femme, et la femme obéissance à son mari.

» Voilà toute la morale des époux.

» On a long-temps disputé sur la préférence ou l'égalité des deux sexes. Rien de plus vain que ces disputes.

» On a très-bien observé que l'homme et la femme ont par-tout des rapports, et par-tout des différences. Ce qu'ils ont de commun, est de l'espèce; ce qu'ils ont de différent, est du sexe. Ils seraient moins disposés à se rapprocher s'ils étaient plus semblables. La nature ne les a faits si différens que pour les unir.

» Cette différence qui existe dans leur être, en suppose dans leurs droits et dans leurs devoirs respectifs. Sans doute, dans le mariage, les deux époux concourent à un objet commun; mais ils ne sauraient y concourir de la même manière. Ils sont égaux en certaines choses, et ils ne sont pas comparables dans d'autres.

» La force et l'audace sont du côté de l'homme, la timidité et la pudeur du côté de la femme.

» L'homme et la femme ne peuvent partager les mêmes travaux, supporter les mêmes fatigues, ni se livrer aux mêmes occupations. Ce ne sont point les lois, c'est la nature même qui a fait le lot de chacun des deux sexes. La femme a besoin de protection, parce qu'elle est plus foible; l'homme est plus libre, parce qu'il est plus fort.

» La prééminence de l'homme est indiquée par la constitution même de son être, qui ne l'assujettit pas à autant de besoins, et qui lui garantit plus d'indépendance pour l'usage de son temps et pour l'exercice de ses facultés. Cette prééminence est la source du pouvoir de protection que le projet de loi reconnaît dans le mari.

» L'obéissance de la femme est un hommage rendu au pouvoir qui la protège, et elle est une suite nécessaire de la société conjugale qui ne pourrait subsister si l'un des époux n'était subordonné à l'autre.

» Le mari et la femme doivent incontestablement être fidèles à la foi promise; mais l'infidélité de la femme suppose plus de corruption, et a des effets plus dangereux que l'infidélité du mari : aussi l'homme a toujours été jugé moins sévèrement que la femme. Toutes les nations, éclairées en ce point par l'expérience, et par une sorte d'instinct, se sont accordées à croire que le sexe le plus aimable doit encore, pour le bonheur de l'humanité, être le plus vertueux.

» Les femmes connaîtraient peu leur véritable intérêt, si elles pouvaient ne voir dans la sévérité apparente dont on use à leur égard, qu'une rigueur tyrannique plutôt qu'une distinction honorable et utile. Destinées par la nature aux plairsirs d'un seul et à l'agrément de tous, elles ont reçu du ciel cette sensibilité douce qui anime la beauté, et qui est sitôt émoussée par les plus légers égaremens du cœur ; ce tact fin et délicat qui remplit chez elles l'office d'un sixième sens, et qui ne se conserve ou ne se perfectionne que par l'exercice de toutes les vertus; enfin, cette modestie touchante qui triomphe de tous les dangers, et qu'elles ne peuvent perdre sans devenir plus vicieuses que nous. Ce n'est donc point dans notre injustice, mais dans leur vocation naturelle, que les femmes doivent chercher le principe des devoirs plus austères qui leur sont imposés pour leur plus grand avantage et au profit de la société.

» Des devoirs respectifs de protection et d'obéissance que le mariage établit entre les époux, il suit que la femme ne peut avoir d'autre domicile que celui de son mari, qu'elle doit le suivre par-tout où il lui plaît de résider, et que le mari est obligé de recevoir sa femme et de lui fournir tout ce qui est nécessaire pour les besoins de la vie, selon ses facultés et son état.

» La femme ne peut ester en jugement sans l'autorisation de son mari. Il n'y a d'exception à cette règle que lorsque la femme est poursuivie criminellement, ou pour fait de police. Alors, l'autorité du mari disparaît devant celle de la loi, et la nécessité de la défense naturelle dispense la femme de toute formalité.

» Le même principe qui empêche la femme de pouvoir exercer des actions en justice sans l'autorisation de son mari, l'empêche, à plus forte raison, d'aliéner, hypothéquer, acquérir à titre gratuit ou onéreux, sans cette autorisation.

» Cependant, comme il n'y a aucun pouvoir particulier qui ne soit soumis à la puissance publique, le magistrat peut intervenir pour réprimer les refus injustes du mari, et pour rétablir toutes choses dans l'état légitime.

» La faveur du commerce a fait regarder la femme, marchande publique, comme indépendante du pouvoir marital, dans tout ce qui concerne les opérations commerciales qu'elle fait. Sous ce rapport, le mari peut devenir la caution de sa femme, mais il cesse d'être son maître.

» Les droits du mari ne sont suspendus, dans tout le reste, que par son interdiction, son absence, ou toute cause qui peut le mettre dans l'impossibilité actuelle de les exercer; et, dans ces hypothèses, l'autorité du mari est remplacée par celle du juge.

» L'autorité du juge intervient encore, si le mari est mineur. Comment celui-ci pourrait-il autoriser les autres, quand il a lui-même besoin d'autorisation!

» La nullité des actes faits par la femme, fondée sur le défaut d'autorisation de ces actes, ne peut être opposée que par la femme elle-même, par son mari, ou par leurs héritiers.

» Au reste, la femme peut faire des dispositions testamentaires sans y être autorisée, parce que ces sortes de dispositions qui ne peuvent avoir d'effet qu'après la mort, c'est-à-dire, qu'après que l'union conjugale est dissoute, ne peuvent blesser les lois de cette union.

» Nous en avons assez dit dans le projet de loi pour faire sentir l'importance et la dignité du mariage, pour le présenter comme le contrat le plus sacré, le plus inviolable, et comme la plus sainte des institutions. Ce contrat, cette société finit par la mort de l'un des conjoints, et par le divorce légalement prononcé. Elle finit encore, relativement aux effets civils, par une condamnation prononcée contre l'un des époux et emportant mort civile.

» Je n'ai pas besoin de m'expliquer sur la dissolution pour cause de mort. La dissolution de la société conjugale, dans ce cas, est opérée par un événement qui dissout toutes les sociétés. La dissolution pour cause de divorce sera l'objet d'un projet de loi particulier.

» Quant à la mort civile, on vous a déjà développé tout ce qu'elle opérait relativement au mariage, dans le projet de loi concernant *la jouissance et la privation des effets civils.*

» Après un premier mariage dissous, on peut en contracter un second. Cette liberté compète au mari qui a perdu sa femme, comme à la femme qui a perdu son mari. Mais les bonnes mœurs et l'honnêteté publique ne permettent pas que la femme puisse convoler à de secondes noces, avant que l'on se soit assuré, par un délai suffisant, que le premier mariage demeure sans aucune suite pour elle, et que sa situation ne saurait plus gêner les actes de sa volonté. Ce délai était autrefois d'un an : on l'appelait l'*an de deuil.* Nous avons cru que dix mois suffisaient pour nous rassurer contre toute présomption capable d'alarmer la décence et l'honnêteté.

» Actuellement, ma tâche est remplie. C'est à vous, citoyens Législateurs, en confirmant par vos suffrages le projet de loi que je vous présente, au nom du Gouvernement, *sur le Mariage*, à consolider les vrais fondemens de l'ordre social, et à ouvrir les principales sources de la félicité publique. Quelques auteurs du siècle ont demandé que l'on encourageât les mariages : ils n'ont besoin que d'être réglés.

» *Partout où il se trouve une place où deux personnes peuvent vivre commodément, il se forme un mariage.* Le Législateur n'a rien à faire à cet égard ; la nature a tout fait. Toujours aimable, elle verse d'une main libérale tous ses trésors sur l'acte le plus important de la vie humaine ; elle nous invite, par l'attrait du plaisir, à l'exercice du plus beau privilège qu'elle ait pu donner à l'homme, celui de se reproduire, et elle nous prépare des délices de sentiment mille fois plus douces que ce plaisir même. Il y aura toujours assez de mariages pour la prospérité de la République; l'essentiel est qu'il y ait assez de mœurs pour la prospérité des mariages. C'est à quoi le Législateur doit pourvoir par la sagesse de ses réglemens; les bonnes lois fondent la véritable puissance des États, et elles sont le plus riche héritage des nations. »

Le C. TREILHARD dépose sur le bureau l'exposé des motifs du projet de loi formant le titre VI du projet de

Code civil et relatif *au Divorce*, présenté au Corps législatif le 18 de ce mois.

Cet exposé est ainsi conçu :

« CITOYENS LÉGISLATEURS,

» Le Gouvernement n'a pas dû se dissimuler les difficultés d'une loi sur le divorce : l'intérêt, les passions, les préjugés, les habitudes, des motifs encore d'un autre ordre, toujours respectables par la source même dont ils émanent, présentent, s'il est permis de le dire, à chaque pas des ennemis à combattre : tous ces obstacles, le Gouvernement les a prévus, et il a dû se flatter de les vaincre, parce que son ouvrage ne doit être offert ni à l'esprit de parti, ni à des passions exaltées, mais à la sagesse d'un corps politique placé au-dessus du tourbillon des intrigues, qui sait embrasser d'un coup-d'œil l'ensemble d'une institution, et consacrer de grands résultats quand ils offrent beaucoup plus d'avantages que d'inconvéniens.

» C'est dans cette conviction que je présenterai les motifs du projet de loi sur le divorce ; et, sans en discuter chaque article en particulier, je m'attacherai aux grande bases. Leur sagesse une fois prouvée, tout le reste en deviendra la conséquence nécessaire.

» Faut-il admettre le divorce ! pour quelles causes ! dans quelles formes ! quels seront ses effets !

» Faut-il admettre le divorce !

» Vous n'attendez pas que, cherchant à résoudre cette grande question par les autorités, je fasse ici l'énumération des peuples qui ont admis ou rejeté le divorce ; que je recherche péniblement s'il a été pratiqué en France dans les premiers âges de la monarchie, et à quelle époque l'usage en a été interdit : je ne dirais rien qui fût nouveau pour vous, et tout le monde doit sentir qu'une question de cette nature ne peut pas se résoudre par des exemples.

» L'autorisation du divorce serait inutile, déplacée, dangereuse chez un peuple naissant, dont les mœurs pures, les goûts simples assureraient la stabilité des mariages, parce qu'elles garantiraient le bonheur des époux.

» Elle serait utile, nécessaire, si l'activité des passions, et le déréglement des mœurs pouvaient entraîner la violation de la foi promise, et les désordres incalculables qui en sont la suite.

» Elle serait inconséquente chez un peuple qui n'admettrait qu'un seul culte, s'il pensait que ce culte établit d'une manière absolue l'indissolubilité du mariage.

» Ainsi, la question doit recevoir une solution différente, suivant le génie et les mœurs des peuples, l'esprit des siècles, et l'influence des idées religieuses sur l'ordre politique.

» C'est pour nous, dans la position où nous sommes, que la question s'agite; pour un peuple dont le pacte social garantit à chaque individu la liberté du culte qu'il professe, et dont le code civil ne peut par conséquent recevoir l'influence d'une croyance particulière.

» Déjà vous voyez que la question doit être envisagée sous un point de vue purement politique. Les croyances religieuses peuvent différer sur beaucoup de points; il suffit pour le législateur qu'elles s'accordent sur un article fondamental, sur l'obéissance due à l'autorité légitime: du reste personne n'a le droit de s'interposer entre la conscience d'un autre et la divinité, et le plus sage est celui qui respecte le plus tous les cultes.

» La question du divorce doit donc être discutée, abstraction faite de toute idée religieuse; et elle doit cependant être décidée de manière à ne gêner aucune conscience, à n'enchaîner aucune liberté; il serait injuste de forcer le citoyen dont la croyance repousse le divorce, à user de ce remède; il ne le serait pas moins d'en refuser l'usage quand il serait compatible avec la croyance de l'époux qui le sollicite.

» Nous n'avons donc qu'une question à examiner: dans l'état actuel du peuple français, le divorce doit-il être permis?

» Nous ne connaissons pas d'acte plus solennel que celui du mariage. C'est par le mariage que les familles se forment et que la société se perpétue: voilà une première vérité sur laquelle je pense que tout le monde est d'accord, de quelque opinion qu'on puisse être d'ailleurs sur la question du divorce.

» C'est encore un point également incontestable, que de tous les contrats, il n'en est pas un seul dans lequel on doive plus desirer l'intention et le vœu de la perpétuité de la part de ceux qui contractent.

» Il n'est pas, et il ne doit pas être moins universellement reconnu, que la légèreté des esprits, la perversité du cœur, la violence des passions, la corruption des mœurs ont trop souvent produit dans l'intérieur des familles des excès tels que l'on s'est vu forcé de permettre de fait la rupture d'unions qu'on regardait cependant comme indissolubles de droit ; les monumens de la jurisprudence, qui sont aussi le dépôt des faiblesses humaines, n'attestent que trop cette triste vérité.

» Voilà notre position ; je demande actuellement si l'on peut raisonnablement espérer, par quelque institution que ce puisse être, de remédier si efficacement et si promptement au désordre, que l'on n'ait plus besoin du remède ; si l'on peut trouver le moyen d'assortir si parfaitement les unions conjugales, d'inspirer si fortement aux époux le sentiment et l'amour de leurs devoirs respectifs, qu'on doive se flatter qu'ils ne s'en écarteront plus dans la suite, et qu'ils ne nous rendront plus les témoins de ces scènes atroces, de ces scandales révoltans qui durent forcer si impérieusement la séparation de deux époux. Ah ! sans doute, si l'on peut, par quelque loi salutaire, épurer tout-à-coup l'espèce humaine, on ne saurait trop se hâter de donner ce bienfait au monde. Mais s'il nous est défendu de concevoir de semblables espérances, si elles ne peuvent naître, même dans l'esprit de ceux qui jugent l'humanité avec la prévention la plus indulgente, il ne nous reste plus que le choix du remède à appliquer au mal que nous ne saurions extirper.

» Voilà la question réduite à son vrai point : faut-il préférer au divorce l'usage ancien de la séparation de corps ? faut-il préférer à l'usage de la séparation celui du divorce ? ne convient-il pas de laisser aux citoyens la liberté d'user de l'une ou de l'autre voie ?

» Écartons, avant tout et avec le même soin, les déclamations que se sont permises des esprits exaltés dans l'un et l'autre parti : la vérité et la sagesse se trouvent rarement dans les extrêmes.

» Les uns ont parlé du divorce comme d'une institution presque céleste et qui allait tout purifier ; les autres en ont parlé comme d'une institution infernale et qui achèverait de tout corrompre ; ici le divorce est le triomphe, là c'est la honte de la raison. Si nous croyons ceux-ci, l'admission du divorce déshonorera le code ; ceux-là prétendent que son rejet laissera ce même code dans un état honteux d'imperfection ; le législateur ne se laisse pas surprendre par de pareilles exagérations.

» Le divorce en lui-même ne peut pas être un bien ; c'est le remède d'un mal. Le divorce ne doit pas être signalé comme un mal, s'il peut être un remède quelquefois nécessaire.

» Doit-il être politiquement préféré à la séparation ?

Voilà

Voilà la seule question, puisqu'il est reconnu et incontestable que la loi doit offrir à des époux outragés, maltraités, en péril de leurs jours, des moyens de mettre à couvert leur bonheur et leur vie.

» Le mariage, comme tous les autres contrats, ne peut se former sans le consentement des parties : ce consentement en est la première condition, la condition la plus impérieusement exigée ; sans ce consentement il n'y a pas de mariage.

» On ne doit cependant pas confondre le contrat de mariage avec une foule d'autres actes qui tirent aussi leur existence du consentement des parties ; mais qui n'intéressant qu'elles, peuvent se dissoudre par une volonté contraire à celle qui les a formés.

» Le mariage n'intéresse pas seulement les époux qui contractent ; il forme un lien entre deux familles, et il crée dans la société une famille nouvelle qui peut elle-même devenir la tige de plusieurs autres familles : le citoyen qui se marie devient époux, il deviendra père ; ainsi s'établissent de nouveaux rapports que les époux ne sont plus libres de rompre par leur seule volonté : la question du divorce doit donc être examinée dans les rapports des époux entre eux, dans leurs rapports avec les enfans, dans leurs rapports avec la société.

» Le divorce rompt le lien conjugal ; la séparation laisse encore subsister ce lien ; à cela près les effets de l'un et de l'autre sont peu différens : cette union des personnes, cette communauté de la vie qui forment si essentiellement le mariage, n'existent plus ; les jugemens de séparation prononçaient toujours des défenses expresses au mari de hanter et fréquenter sa femme. Quel est donc l'effet de cette conservation apparente du lien conjugal dans les séparations, et pourquoi retenir encore le nom avec tant de soin, lorsqu'il est évident que la chose n'existe plus ? Le vœu principal du mariage n'est-il pas trompé ? N'est-il pas vrai que l'époux n'a réellement plus de femme, que la femme n'a plus de mari ? Quel est donc encore une fois l'effet de la conservation du lien ?

» On interdit à deux époux, devenus célibataires de fait, tout espoir d'un lien légitime, et on laisse subsister entre eux une communauté de nom qui fait encore rejaillir sur l'un le déshonneur dont l'autre peut se couvrir. Nous n'avons que trop vu les funestes conséquences de cet état, et le passé nous annonce ce que nous devrions en attendre pour l'avenir.

Cependant l'un des époux était du moins sans reproche ; il avait été séparé comme une victime de la brutalité ou de la débauche : fallait-il l'offrir une seconde fois en sacrifice par l'interdiction des sentimens les plus doux et les plus légitimes ! L'époux même dont les excès avaient forcé la séparation ne pouvait-il pas mériter quelque intérêt ! Était-il impossible que, mûri par l'âge et par la réflexion, il pût trouver une compagne qui obtiendrait de lui cette affection si constamment refusée à la première !

» Certes, si nous ne considérons que la personne des deux époux, il est bien démontré que le divorce est pour eux préférable à la séparation.

» Je ne connais qu'une objection; on la tire de la possibilité d'une réunion : mais, je le demande, combien de séparations à vu le siècle dernier, et combien peu de rapprochemens ! Comment pourraient-ils s'effectuer ces rapprochemens !

» La demande en séparation suppose déjà des esprits extraordinairement ulcérés; la discussion, par sa nature, augmente encore la malignité du poison. Le réglement des intérêts pécuniaires, après la séparation, lui fournit un nouvel aliment.

» Enfin, chacun des deux époux, isolé, en proie aux regrets, quelquefois au remords, éprouvant le desir bien naturel de remplir le vide affreux qui l'environne, et cependant sans espoir de former une union qu'il pourra avouer, forcé en quelque manière de courir après les distractions par le besoin pressant de se fuir lui-même, se trouve insensiblement entraîné dans la dissipation et dans tous les désordres qu'elle mène sa suite.

» A Dieu ne plaise que je prétende que ce tableau soit celui de tous les époux séparés ! je dis seulement que l'impossibilité de former un nouveau lien, les expose à toutes les espèces de séductions; qu'il faut, pour résister à des dangers si pressans, un effort peu commun et dont peu de personnes sont capables, et que l'interdiction d'un lien légitime a souvent plongé sans retour nombre de victimes dans les mauvaises mœurs.

» J'ajoute qu'il n'y a presque pas d'exemples de réunion entre deux époux séparés, et que ces réunions furent quelquefois plus scandaleuses que la séparation même : l'on a vu au contraire plusieurs fois, dans les lieux où le divorce était admis, deux êtres infortunés, victimes l'un et l'autre, tant qu'ils furent unis, de la violence des passions, former après leur divorce des mariages qui, s'ils ne furent pas toujours parfaitement heureux, du moins ne furent suivis d'aucun éclat, ni d'aucun signe extérieur de repentir.

» J'en tire cette conséquence que, pour les époux, le divorce est sans contredit préférable à la séparation.

» Mais les enfans, les enfans, que deviendront-ils après le divorce ! Je demanderai à mon tour que deviennent-ils après les séparations !

» Sans doute le divorce ou la séparation des pères forment dans la vie des enfans une époque bien funeste ; mais ce n'est pas l'acte de divorce ou de séparation qui fait le mal, c'est le tableau hideux de la guerre intestine qui a rendu ces actes nécessaires.

» Au moins les époux divorcés auront encore le droit d'inspirer pour leur personne un respect et des sentimens qu'un nouveau nœud pourra légitimer ; ils ne perdront pas l'espoir d'effacer par le tableau d'une union plus heureuse, les fatales impressions de leur union première, et n'étant pas forcés de renoncer au titre honorable d'époux, ils se préserveront avec soin de tout écart qui pourrait les en rendre indignes.

» C'est peut-être ce qui peut arriver de plus heureux pour les enfans ; l'affection des pères se soutiendra bien plus sûrement dans la sainteté d'un nœud légitime, que dans les désordres d'une liaison illicite, auxquels il est si difficile d'échapper quand on n'a plus droit de prétendre aux honneurs du mariage.

» Mais, dit-on, les lois ont toujours regardé d'un œil défavorable les secondes noces ; je n'examinerai pas si cette défaveur est fondée sur des raisons sans réplique, ou si, au contraire, dans une foule d'occasions, un second mariage ne fut pas pour les enfans un grand acte de tendresse ; j'observe seulement qu'il ne s'agit point ici d'une épouse à qui la mort a ravi son protecteur et son ami, et dont le cœur, plein de ses premiers sentimens, repousse avec amertume toute idée d'une affection nouvelle.

» Il s'agit d'époux dont les discordes ont éclaté, dont tous les souvenirs sont amers, qui, éprouvant le besoin de fuir pour ainsi dire leur vie passée et de se créer une nouvelle existence, se précipiteront trop souvent dans le vice, si les affections légitimes leur sont interdites.

» Le véritable intérêt des enfans est de voir les auteurs de leurs jours, heureux, dignes d'estime et de respect, et non pas de les trouver isolés, tristes, éprouvant un vide insupportable, ou comblant ce vide par des jouissances qui ne sont jamais sans amertume, parce qu'elles ne sont jamais sans remords.

» Quant à la société, il est hors de doute que son intérêt réclame le divorce, parce que les époux pourront contracter dans la suite de nouvelles unions : pourquoi frapperait-elle d'une fatale interdiction des êtres que la nature avait formés pour éprouver les plus doux sentimens de la paternité. Cette interdiction serait également funeste et aux individus et à la société : aux individus, qu'elle condamne à des privations qui peuvent être méritoires quand elles sont volontaires, mais qui sont trop amères quand elles sont forcées ; à la société, qui se trouve ainsi appauvrie de nombre de familles dont elle eût pu s'enrichir.

» Les formes, les épreuves dont le divorce sera environné pourront en prévenir l'abus : espérons que le nombre des époux divorcés ne sera pas grand; mais enfin, quelque peu considérable qu'il soit, ne serait-il pas également injuste et impolitique de les laisser toujours victimes, de changer seulement l'espèce du sacrifice ! et lorsque l'État peut légitimement attendre d'eux des citoyens qui le défendront, qui l'honoreront peut-être, faut-il étouffer un espoir si consolant !

» Toute personne sans passion et sans intérêt sera donc forcée de convenir que le divorce, qui, brisant le lien, laisse la possibilité d'en contracter un nouveau, est préférable à la séparation qui, ne conservant du lien que le nom, livre deux époux à des combats perpétuels et dont il est si difficile de sortir toujours avec avantage.

» Il faut donc admettre le divorce.

» Mais le pacte social garantit à tous les Français la liberté de leur croyance : des consciences délicates peuvent regarder comme un précepte impérieux l'indissolubilité du mariage ; si le divorce était le seul remède offert aux époux malheureux, ne placerait-on pas des citoyens dans la cruelle alternative de fausser leur croyance ou de succomber sous un joug qu'ils ne pourraient plus supporter ! ne les mettrait-on pas dans la dure nécessité d'opter entre une lâcheté ou le malheur de toute leur vie !

» Nous aurions bien mal rempli notre tâche, si nous n'avions pas prévu cet inconvénient : en permettant le divorce, la loi laissera l'usage de la séparation ; l'époux qui aura le droit de se plaindre, pourra former à son choix l'une ou l'autre demande : ainsi nulle gêne dans l'opinion, et toute liberté à cet égard est maintenue.

» Cependant il ne serait pas juste que l'époux qui a choisi, comme plus conforme à sa croyance, la voie de la séparation, dût maintenir pour toujours l'autre époux dont la croyance peut n'être pas la même, dans une interdiction absolue de contracter un second mariage. Cette liberté, que la Constitution garantit à tous, se trouverait alors violée dans la personne de l'un des époux ; il a donc fallu autoriser celui-ci, après un certain intervalle, a demander que la séparation soit convertie en divorce, si l'époux qui a fait prononcer cette séparation, ne consent pas à la faire cesser ; et c'est ainsi que se trouvent conciliés, autant qu'il est possible, deux intérêts également sacrés, la sûreté des époux d'un côté, et la liberté religieuse de l'autre.

» Après avoir établi la nécessité d'admettre le divorce, je dois parler des causes qui peuvent le motiver.

» Le projet de loi en indique quatre : 1.° l'adultère ; 2.° les excès, sévices ou injures graves ; 3.° la condamnation à une peine infamante ; 4.° le consentement mutuel et persévérant des époux, exprimé de la manière prescrite, sous les conditions et après les épreuves requises.

» En admettant le divorce, il fallait éviter également deux excès opposés, celui d'en restreindre tellement les causes, que le recours fût fermé à des époux pour qui cependant le joug serait absolument insupportable, et celui de les étendre au point que le divorce pût favoriser la légèreté, l'inconstance, de fausses délicatesses ou une sensibilité déréglée : nous croyons avoir évité les deux excès avec le même soin.

» L'adultère brise le lien en attaquant l'époux dans la partie la plus sensible : ses effets sont cependant bien différens chez la femme ou chez le mari ; c'est par ce motif que l'adultère du mari ne donne lieu au divorce que lorsqu'il est accompagné d'un caractère particulier de mépris par l'établissement de la concubine dans la maison commune, outrage si sensible sur-tout aux femmes vertueuses.

» Les excès, les sévices, les injures graves sont aussi des causes de divorce : il serait superflu d'observer qu'il ne s'agit pas de simples mouvemens de vivacité, de quelques paroles dures échappées dans des instans d'humeurou de mécontentement ; de quelques refus, même déplacés, de la part d'un des époux ; mais de véritables excès, de mauvais traitemens personnels, de sévices dans la rigoureuse acception de ce mot *sævitia* [cruauté] et d'injures portant un grand caractère de gravité.

» Les condamnations à la peine infamante motivent également une demande en divorce.

» Forcer un époux de vivre avec un infamé, ce serait renouveler le supplice d'un cadavre attaché à un corps vivant.

» Ces trois causes sont appelées des causes déterminées ; elles consistent en faits dont la preuve doit être administrée aux tribunaux, qui prononcent ensuite dans leur sagesse.

» La quatrième cause, celle du consentement mutuel, n'est pas susceptible d'une preuve de cette nature ; mais on s'en formerait une bien fausse idée, et l'on calomnierait d'une étrange manière les intentions du Gouvernement, si l'on pouvait penser qu'il a voulu que le contrat de mariage fût détruit par le seul consentement contraire de deux époux.

» La simple lecture de l'article proposé en annonce l'esprit et la véritable intention.

« Le consentement mutuel et persévérant des époux,
» exprimé de la manière prescrite par la loi, sous les
» conditions et après les épreuves qu'elle détermine,
» prouvera suffisamment que la vie commune leur est
» insupportable, et qu'il existe par rapport à eux une
» cause péremptoire de divorce. »

» Ainsi les conditions et les formes imposées doivent garantir l'existence d'une cause péremptoire : le consentement dont il est question ne consiste pas dans l'expression d'une volonté passagère ; il doit être le résultat d'une position insupportable. Les épreuves garantiront la constance de cette volonté ; la présence des pères en garantira la nécessité ; les sacrifices auxquels les époux sont forcés, donneront enfin de nouveaux gages de l'existence d'une cause absolue de divorce.

» Citoyens législateurs, parmi les causes déterminées de divorce, il en est quelques-unes d'une telle gravité, qui peuvent entraîner de si funestes conséquences pour l'époux défendeur (telles, par exemples, que les attentats à la vie), que des êtres doués d'une excessive délicatesse préféreraient les tourmens les plus cruels, la mort même, au malheur de faire éclater ces causes par des plaintes judiciaires. Ne convenait-il pas pour la sûreté des époux, pour l'honneur des familles toujours compromis, quoi qu'on puisse dire, dans ces fatales occasions, pour l'intérêt même de toute la société, de ne pas forcer une publicité non moins amère pour l'innocent que pour le coupable !

» L'honnêteté publique n'empêcherait-elle pas une femme de traîner à l'échafaud son mari, quoique criminel ? Faudrait-il aussi toujours et nécessairement pour terminer le supplice d'un mari infortuné, le contraindre à exposer au grand jour des torts qui l'ont blessé cruellement dans ses plus douces affections, et dont la publicité le vouera cependant encore à la malignité publique ! L'injustice, sans doute, est ici du côté du public ; mais se trouve-t-il beaucoup d'hommes assez forts, assez courageux pour la braver ! est-on maître de détruire tout-à-coup ce préjugé, et ne faut-il pas aussi ménager un peu l'empire de cette opinion, quelquefois injuste, j'en conviens, mais qui peut aussi sur beaucoup de points atteindre et flétrir, quand elle est bien dirigée, des vices qui échappent aux poursuites des lois !

» Si le divorce pouvait avoir lieu, dans des cas semblables, sans éclat et sans scandale, ce serait un bien, on sera forcé d'en convenir.

Que faudrait-il donc faire pour obtenir ce résultat ? Tracer un mode de consentement, prescrire des conditions, attacher des privations, vendre enfin, s'il est permis de le dire, vendre si chérement le divorce, qu'il ne puisse y avoir que ceux à qui il est absolument nécessaire, qui soient tentés de l'acheter.

» Alors, la conscience du législateur est tranquille ; il a fait pour les individus, il a fait pour la société, tout ce que l'on peut attendre de la prudence humaine ; et s'il ne peut pas s'assurer qu'on n'abusera jamais de cette institution, du moins il se rend le témoignage suffisant pour lui, que l'abus sera infiniment rare, et qu'il a atteint la seule espèce de perfection dont les établissemens humains soient susceptibles.

» Quelques personnes ont paru préférer le divorce pour incompatibilité d'humeur, au divorce par consentement mutuel : une réflexion bien simple suffira pour les ramener à notre projet.

» Si l'allégation d'incompatibilité d'humeur avait été permise à un seul des époux, on se serait exposé au reproche fondé d'attacher la dissolution d'un contrat formé par le consentement de deux personnes, au seul repentir de l'un des deux contractans ; et, sous ce point de vue, la cause d'incompatibilité était susceptible des plus fortes objections.

» Si, au contraire, on veut supposer que pour être admise, l'allégation d'incompatibilité eût dû être proposée par les deux époux, il est clair que cette cause rentrerait dans celle du consentement mutuel; il n'y aurait que le nom de changé.

» On a dit aussi que les vœux du législateur seraient presque toujours trompés, et que le coupable d'excès envers l'autre époux refuserait son consentement : ce refus est possible, il n'est pas vraisemblable.

» Une femme convaincue d'adultère ne se trouverait-elle pas trop heureuse que, par un excès d'indulgence, l'époux consentît à cacher sa faiblesse ! Le conjoint coupable d'un attentat n'aurait-il pas le même intérêt ! Leur conscience n'est-elle pas leur premier juge ! et les proches parens, intéressés aussi à cacher des torts de famille, n'auraient-ils pas toutes sortes de moyens pour vaincre des résistances injustes ! Enfin, si le coupable persistait dans ses refus insensés, l'autre époux serait toujours libre de former sa demande pour causes déterminées; il aurait satisfait à tout ce que pouvait exiger de lui sa profonde délicatesse; il pourvoirait ensuite à sa sûreté en recourant à l'autorité des tribunaux.

» Il ne me reste plus sur cette partie, qu'à vous développer les précautions prises contre l'abus possible dans l'application de la cause de divorce pour consentement mutuel.

» On a dû craindre la légèreté et l'inconstance, les travers passagers, les effets d'un simple dégoût, l'influence d'une passion étrangère; toutes les dispositions du projet sont faites pour prévenir et pour calmer ces craintes.

» D'abord, le consentement mutuel des époux ne sera pas admis si le mari a moins de vingt-cinq ans, et si la femme en a moins de vingt-un, il ne sera pas admis avant le terme de deux ans de mariage; il ne pourra plus l'être après la terme de vingt ans, et lorsque la femme en aurait quarante-cinq.

» La sagesse de ces dispositions ne peut pas être méconnue.

» Il faut laisser aux époux le temps de se connaître

et

et de s'éprouver : on ne doit donc pas recevoir leur consentement tant qu'on peut supposer qu'il est une suite de la légèreté de l'âge; on doit le repousser encore lorsqu'une longue et paisible cohabitation atteste la compatibilité de leur caractère.

» Une garantie plus forte contre l'abus se tire de la disposition qui exige un consentement authentique des père, mère ou autres ascendans vivans. Lorsque deux familles entières, dont les intérêts et les affections sont presque toujours contraires, se réunissent pour attester la nécessité d'un divorce, il est bien difficile que le divorce ne soit pas en effet indispensable.

» D'ailleurs, les deux époux, dans le cas particulier du divorce pour consentement mutuel, ne pourront contracter un nouveau mariage que trois ans après la prononciation de l'acte qui aura dissous le premier : ainsi se trouve écartée la perspective d'une union avec l'objet de quelque passion nouvelle.

» Enfin, un intérêt d'une autre nature, mais non moins vif et non moins pressant, vient s'opposer encore à ce qu'on use de la voie du consentement mutuel, si elle n'est pas commandée également à l'un et l'autre époux par les causes les plus irrésistibles : ils sont dépouillés de la moitié de leurs propriétés, qui passe de droit aux enfans.

» Pouvait-on prendre plus de précautions, des précautions plus efficaces pour s'assurer que le consentement mutuel du mari et de la femme ne sera pas l'effet d'une molle complaisance, d'un caprice passager; mais qu'il sera fondé sur les motifs les plus graves, puisqu'il doit être accompagné de si fortes garanties, et qu'il doit être acheté par de si grands sacrifices! Et supposera-t-on jamais un concert frauduleux entre deux époux, entre deux familles, pour appliquer un remède de cette violence, si en effet le mal ne surpasse pas les forces humaines!

» Les formes de l'instruction augmenteront encore les garanties contre les surprises.

» C'est en personne que les époux doivent faire leur déclaration devant le juge : ils écouteront ses observations, ils seront instruits par lui de toutes les suites de leur démarche. Ils sont tenus de produire les autorisations authentiques de leurs père, mère ou autres ascendans vivans; ils doivent renouveler leur déclaration en personne, trois fois, de trois mois en trois mois; il faudra représenter, à chaque fois, la preuve positive que les ascendans persistent dans leur autorisation, afin que les magistrats ne puissent avoir aucun doute sur la persévérance dans cette volonté.

» Enfin, après l'expiration de l'année destinée à remplir toutes les formalités, on se représentera devant le tribunal, et sur la vérification la plus scrupuleuse de tous les actes, le divorce pourra être admis.

Je le répète, il était impossible de s'assurer de plus de manières et par des épreuves plus efficaces de la nécessité du divorce, quand il aura pour cause le consentement mutuel.

» Je ne dissimule pas que quelques personnes, admettant d'ailleurs cette cause, desireraient qu'elle ne fût pas écoutée quand il existe des enfans du mariage : mais cette exception serait dans le projet une grande inconséquence. On a introduit des formes et prescrit des conditions telles qu'on a lieu d'espérer que leur observation rigoureuse ne permettra pas même le plus léger doute sur l'existence d'une cause péremptoire de divorce. Pourquoi donc fermerait-on la voie du consentement mutuel, lorsque les époux ont des enfans ? Cette circonstance ne change en aucune façon leur position respective; et les motifs donnés pour justifier la mesure, ne s'appliquent pas moins directement au cas où il existe des enfans : quel intérêt peuvent-ils avoir plus pressant que celui de sauver d'un éclat fâcheux le nom qu'ils doivent porter dans le monde pour ne pas y entrer sous de fâcheux auspices ? D'ailleurs, la circonstance des enfans fournit elle-même un nouveau préservatif contre l'abus possible, puisque les époux se trouvent dépouillés de la moitié de leurs propriétés qui de droit est acquise aux enfans !

» En voilà assez, peut-être trop, sur le consentement mutuel. Je me hâte de passer aux formes et aux effets du divorce pour causes déterminées.

» Il fallait avant tout indiquer le tribunal où serait portée la demande : à cet égard point de difficulté; c'est au tribunal de l'arrondissement dans lequel les parties sont domiciliées qu'elles doivent se pourvoir.

» Un chapitre entier du projet est ensuite destiné à tracer le cours de la procédure.

» La marche de l'instruction d'une demande en divorce ne doit pas être confondue avec la marche de l'instruction d'une affaire ordinaire : en général, l'accès des tribunaux ne peut être trop facile, ni la procédure trop rapide ; il n'en est pas de même en matière de divorce : une sage lenteur doit donner aux passions le temps de se refroidir, le divorce n'est tolérable que lorsqu'il est forcé, et la société gémit de l'admettre alors même qu'il est nécessaire : chaque pas dans l'instruction doit donc être un grand objet de méditation pour le demandeur, et pour le juge un nouveau moyen de pénétrer les motifs secrets, les véritables motifs d'une demande de cette nature, de s'assurer du moins que ces motifs sont réels et légitimes. Toutes les dispositions du projet relatives aux formes ont été rédigées en conséquence.

» L'époux *en personne* doit présenter sa requête : point d'exception à cette règle ; la maladie même ne saurait en affranchir : le juge, dans ce cas, se transporte chez le demandeur.

» C'est sur-tout dans ce premier instant qu'il convient de faire sentir toute la gravité et toutes les conséquences de l'action. L'obligation en est imposée au magistrat : il ordonne ensuite devant lui une comparution des parties, et ce n'est qu'après cet acte préliminaire que le tribunal entier peut accorder une permission de citer ; encore pourra-t-il suspendre, s'il le juge convenable, cette permission pendant un temps que la loi a dû cependant limiter.

» Une première audition des époux aura lieu à huis-clos : ce n'est qu'à la dernière extrémité que l'on donnera de l'éclat à la demande, et qu'elle sera renvoyée à l'audience publique : là seront pesées toutes les preuves ; si elles ne sont pas complètes, il pourra en être ordonné de nouvelles. Je crois inutile de vous retracer en détail chaque disposition de cette partie du projet; je ne crains pas de dire qu'il n'en est pas une seule qui ne doive être regardée comme un bienfait de la loi, parce que toutes ont pour objet, ou la réunion des esprits, ou la manifestation de la vérité ; et telle a été la crainte d'une décision trop légèrement prononcée, que le tribunal, dans le cas d'action pour excès, sévices ou injures, est autorisé à ne pas admettre immédiatement le divorce quoique la demande soit bien établie, et qu'il peut soumettre les époux à une année d'épreuves pour s'assurer encore plus de la persévérante volonté de l'époux demandeur, et qu'il ne peut y avoir de sa part aucune espérance de retour.

» Après cette longue instruction, le divorce pourra être admis. On n'a pas dû refuser le recours des parties au tribunal supérieur. Le projet contient aussi sur ce point quelques articles, dont la seule lecture fait connaître les motifs ; et lorsque le jugement est confirmé, deux mois sont donnés pour se pourvoir devant l'officier civil, à l'effet de faire prononcer le divorce; terme fatal, après lequel on ne peut plus se prévaloir des jugemens : car, si dans le cours de l'instruction on n'a pu trop rallentir la marche de la procédure, lorsque toutes les épreuves sont faites, les démonstrations acquises et le jugement prononcé, on ne peut trop accélérer l'instant qui doit terminer pour toujours une affaire de cette nature.

» En vous exposant la marche de la procédure, je n'ai pas dit qu'au jour indiqué pour l'audience publique, le tribunal devait, avant de s'occuper du fond, statuer sur les fins de non-recevoir qu'aurait proposées l'époux défendeur. La justice, dans tous les temps, accueillit avec faveur cette espèce d'exception contre des demandes qu'elle ne peut entendre qu'à regret.

» La réconciliation de deux époux est toujours si désirable ! c'est, sans contredit, le premier vœu de la société. Par la réconciliation toute action pour le passé doit être éteinte; mais si de nouveaux torts pouvaient occasionner de nouvelles plaintes, ces griefs effaceraient tout l'effet de la réconciliation, comme elle aurait elle-même effacé les premiers griefs; et l'époux maltraité, d'autant plus intéressant qu'il aurait montré plus d'indulgence, rentrerait alors dans tous ses droits.

» Le projet de loi a dû encore s'occuper de quelques mesures préliminaires auxquelles la demande en divorce pourrait donner lieu.

» L'administration des enfans nous a paru devoir être provisoirement confiée au mari; il a pour lui son titre, il est le chef de la famille. Il n'était pas difficile cependant de prévoir que cette règle générale serait quelquefois susceptible d'exception; il faut donc que le tribunal puisse en ordonner autrement sur la demande de la mère, de la famille, ou même du commissaire du Gouvernement. Une seule règle est indiquée aux magistrats : ils doivent consulter le plus grand avantage des enfans; car, dans ce choc funeste, ils sont peut-être les seuls qui n'aient rien à se reprocher.

» Il n'était pas possible de forcer une femme à partager le domicile du mari dans le cours d'une action en divorce; elle est toujours autorisée à prendre une autre résidence; la décence veut qu'elle ne se retire que dans une maison indiquée par le tribunal : là, et tant qu'elle y restera seulement, elle touchera une provision que le mari sera tenu de lui payer; si elle quitte cette maison, elle ne sera plus recevable à continuer ses poursuites dans le cas où elle serait demanderesse.

» Enfin la femme pourra, lorsqu'elle aura obtenu l'ordonnance de comparution, faire apposer, pour la conservation de ses droits, le scellé sur les effets de la communauté, et le mari ne pourra plus en disposer, ni par des engagemens, ni par des aliénations.

» Voilà tout ce qui concerne la procédure sur le divorce pour causes déterminées. Il me reste encore à vous parler des effets de ce divorce; déjà vous les connaissez en partie.

» Ces effets sont relatifs aux enfans, aux époux, à la société.

» Quant aux enfans, la règle déjà établie de leur plus grand avantage doit être constamment suivie : l'époux demandeur qui a obtenu le divorce est sans reproche : c'est donc à lui en général que doivent être confiés les enfans; mais l'application stricte de cette règle pourrait, dans bien des circonstances, ne leur être pas avantageuse. Il faut donc que le tribunal soit libre de les confier, lorsqu'il le jugera convenable, aux soins de l'un ou l'autre époux, et même d'une tierce personne : les pères et mères conserveront cependant toujours une surveillance de l'entretien et de l'éducation; ils y contribueront en proportion de leurs facultés ; ils ont cessé d'être époux, ils n'ont pas cessé d'être pères.

» Il était peut-être superflu d'exprimer que le divorce ne privait les enfans d'aucun des avantages à eux assurés par les lois ou par les conventions matrimoniales de leurs parens; ils ne sont déjà que trop malheureux par le spectacle des dissentions intestines de leur famille.

» Mais si le divorce ne doit pas être pour eux une occasion de perte, ils ne doivent pas non plus y trouver une occasion de dépouiller les auteurs de leurs jours; les droits des enfans ne s'ouvriront que de la manière dont ils se seraient ouverts s'il n'y avait pas eu de divorce.

» On ne doit pas confondre l'espèce du divorce pour cause déterminée dont les motifs sont susceptibles de discussion et de preuves devant les tribunaux, avec l'espèce des divorces par consentement mutuel; il a fallu, dans ce dernier cas, des garanties particulières, de fortes garanties, contre l'abus qu'on pourrait faire de cette cause : on ne pouvait pas en trouver de plus fortes que l'assurance aux enfans, de la propriété de moitié des biens des pères et mères, et la jouissance de ces biens à l'époque de leur majorité; cette mesure n'est plus nécessaire, elle serait même très-déplacée dans le cas d'un divorce pour cause déterminée, qui ne doit être prononcé que sur une preuve positive des faits qui le motivent.

» Quant aux effets du divorce respectivement aux époux, on a dû distinguer l'époux demandeur, dont les plaintes sont justifiées, de l'époux défendeur dont les excès sont reconnus constans. Le premier ne peut et ne doit être exposé à la perte d'aucun des avantages à lui faits par le second. Il les conservera dans toute leur intégrité; la déchéance qu'on prononcerait contre lui serait doublement injuste en ce qu'elle frapperait l'innocent pour récompenser le coupable; il ne faut pas qu'un époux puisse croire qu'il anéantira des libéralités qu'il regrette peut-être d'avoir faites, en forçant l'autre époux à se sauver de sa fureur par le divorce.

» L'époux contre qui le divorce a été prononcé doit-il aussi conserver les avantages qui lui avaient été assurés par son contrat de mariage! Est-il digne de les recueillir! et lorsqu'il se trouve convaincu de faits tellement atroces que le divorce doit en être la suite, jouira-t-il d'un bienfait qui devait être le prix d'une constante affection et des soins les plus tendres! Non certainement : il s'est placé au rang des ingrats, il sera traité comme eux. Il a violé la première condition du contrat, il ne sera plus reçu à en réclamer les dispositions.

» Les autres effets du divorce n'intéressent pas moins la société entière que les deux époux.

» Ils pourront contracter de nouveaux nœuds : c'est en ce point sur-tout que le divorce est politiquement préférable à la séparation. Je ne répéterai pas ce que j'ai déjà dit à cet égard; mais en permettant le mariage à des époux divorcés, la loi a dû pourvoir à ce que l'honnêteté publique et l'harmonie des familles ne fussent pas violées.

» L'époux adultère ne pourra jamais se marier avec son complice; il ne doit pas trouver dans le jugement qui le condamne un titre et un moyen de satisfaire une passion coupable.

» Le bon ordre exige aussi qu'une femme divorcée ne puisse pas, en contractant un nouveau mariage immédiatement après la dissolution du premier, laisser des doutes sur l'état des enfans dont elle pourrait être mère.

Elle ne se remariera que dix mois après le divorce prononcé.

» Enfin, nous avons pensé que les époux, une fois divorcés, ne devaient plus se réunir.

» Le divorce ne doit être prononcé que sur la preuve d'une nécessité absolue et lorsqu'il est bien démontré à la justice que l'union entre les deux époux est impossible : cette impossibilité une fois constante, la réunion ne pourrait être qu'une occasion nouvelle de scandale.

» Il importe que les époux soient d'avance pénétrés de toute la gravité de l'action qu'ils vont intenter ; qu'ils n'ignorent pas que le lien sera rompu sans retour, et qu'ils ne puissent pas regarder l'usage du divorce comme une simple occasion de se soumettre à des épreuves passagères, pour reprendre ensuite la vie commune, quand ils se croiraient suffisamment corrigés.

» Il faut aussi qu'on ne puisse pas spéculer sur cette action, et que des époux adroits et avides, peu satisfaits des gains assurés par leur contrat de mariage, ne puissent pas envisager le divorce comme un moyen de former dans la suite de nouvelles conventions pour obtenir de plus grands avantages.

» Les tribunaux ne sauraient porter une attention trop sévère dans l'instruction et l'examen de ces sortes d'affaires, et la perspective d'une réunion possible entre les époux ne pourrait qu'affaiblir dans l'ame du magistrat ce sentiment profond de peine secrète qu'il doit éprouver quand on lui parle de divorce.

» En un mot, le divorce serait un mal, s'il était prononcé quand il n'est pas démontré que la vie commune est insupportable : et lorsqu'il est bien reconnu que cette vie commune est insupportable, en effet le second mariage serait lui-même un mal affreux.

» On ne se jouera pas du divorce ; à Dieu ne plaise qu'on puisse se familiariser avec l'idée qu'il n'est pas prononcé pour toujours ! L'espoir d'une réunion qui pourrait présenter d'abord à des esprits inattentifs l'apparence de quelques avantages, entraînerait de fait et à la longue de funestes conséquences, parce qu'elles corrompraient nécessairement l'opinion qu'on doit se former d'une action de cette nature.

» Tels sont, citoyens Législateurs, les motifs du projet de loi dont je vous ai donné lecture. Ses dispositions ont été long-temps examinées, discutées, mûries, et au

Conseil d'état et dans ces conférences salutaires et politiques, qui, réunissant toutes les lumières, garantissent entre les principales autorités un concert si doux pour les amis du peuple français, si triste pour ses ennemis.

» Plus vous examinerez ce projet, plus, je l'espère, vous demeurerez convaincus de la nécessité d'en faire une loi de la République.

» Dans les maux physiques, un artiste habile est forcé quelquefois de sacrifier un membre pour sauver le corps entier : ainsi des législateurs admettent le divorce pour arrêter des maux plus grands. Puissions-nous un jour par de bonnes institutions en rendre l'usage inutile ! C'est par de bonnes lois, mais c'est aussi par de grands exemples que les mœurs publiques se réforment et se purifient : ce n'est pas le langage seul qu'on doit épurer; c'est la morale qu'il faut mettre en action. Que le mariage soit honoré; que le nom et le titre d'époux soient respectés; que l'opinion publique régénérée flétrisse également le séducteur et l'infidèle, et nous n'aurons peut-être plus besoin du divorce; mais jusques-là gardons-nous de repousser un remède que l'état actuel de nos mœurs rend encore et trop souvent nécessaire. »

Le C. BIGOT-PRÉAMENEU présente la section seconde du chapitre III du titre *des Donations entre-vifs et des Testasmens.*

Elle est ainsi conçue :

*De l'Irrévocabilité des Donations.*

Art. XLVIII. « La donation entre-vifs ne peut comprendre que les biens présens du donateur ; si elle » comprend des biens à venir, elle est nulle à cet égard.

Art. XLIX. » Toute donation entre-vifs, faite sous des » conditions dont l'exécution dépend de la seule volonté » du donateur, est nulle.

Art. L. » Elle est pareillement nulle, si elle est faite » sous la condition de payer d'autres dettes ou charges » que celles qui existaient à l'époque de la donation, et » qui sont comprises dans l'état qui doit y être annexé.

Art. LI. » En cas que le donateur se soit réservé la » liberté de disposer d'un effet compris dans la donation, » ou d'une somme fixe sur les biens donnés, s'il meurt » sans en avoir disposé, ledit effet ou ladite somme

» appartient

» appartient aux héritiers du donateur, nonobstant toutes » clauses et stipulations à ce contraires.

Art. LII. » Toute donation d'effets mobiliers, s'il n'y » a point tradition réelle, est nulle, à moins qu'il n'ait » été annexé à la minute de la donation un état esti- » matif des effets donnés, signé du donateur, du do- » nataire, ou de ceux qui acceptent pour lui, du no- » taire et des témoins.

Art. LIII. » Il est permis au donateur de faire la réserve » à son profit ou de disposer au profit d'un autre de la » jouissance ou de l'usufruit des biens meubles ou im- » meubles donnés.

Art. LIV. » Lorsque la donation d'effets mobiliers a » été faite avec la réserve d'usufruit, le donataire est » tenu, à l'expiration de l'usufruit, de prendre les effets » donnés qui se trouvent en nature, dans l'état où ils » sont, et il a action contre le donateur ou ses héritiers, » pour raison des objets non existans, jusqu'à concurrence » de la valeur qui leur a été donnée dans l'état estimatif.

Art. LV. » Le donateur peut stipuler le droit de retour » des objets donnés, dans les cas où, soit le donataire » seul, soit le donataire et ses descendans, mourraient » avant lui.

» Ce droit ne peut être stipulé qu'au profit du donateur » seul.

» Il n'a pas lieu sans stipulation, si ce n'est au profit » des ascendans, ainsi qu'il est réglé par l'article XXX » au titre *des Successions*.

Art. LVI. » L'effet du droit de retour est de résoudre » toutes les aliénations des biens donnés et de les faire » revenir au donateur, francs et quittes de toutes charges » et hypothèques, sauf néanmoins l'hypothèque de la » dot et des conventions matrimoniales, si les autres » biens de l'époux donataire ne suffisent pas, et dans » le cas seulement où la donation lui a été faite par le » même contrat de mariage, duquel résultent lesdits droits » et hypothèques.

Art. LVII. » La donation entre vifs ne peut être ré- » voquée que pour cause d'ingratitude ou pour cause » d'inexécution des conditions sous lesquelles elle a été » faite.

Art. LVIII. » Elle ne peut être révoquée pour cause » d'ingratitude que dans les cas suivans :

» 1.° Si le donataire a attenté à la vie du donateur;

» 2.° S'il s'est rendu coupable envers lui de sévices » ou délits ;

» 3.° S'il lui refuse des alimens.

Art. LIX. » La révocation n'a jamais lieu de plein droit; » elle doit être demandée par le donateur et prononcée » par la justice.

Art. LX. » La demande doit en être formée dans l'année, » à compter du jour du délit imputé par le donateur » au donataire, ou du jour que le délit a pu être connu » par le donateur.

Art. LXI. » Cette révocation ne peut être demandée » par le donateur contre les héritiers du donataire, ni » par les héritiers du donateur contre le donataire, à » moins que, dans ce dernier cas, le donateur n'ait » lui-même intenté l'action, ou qu'il ne soit décédé » dans l'année du délit.

Art. LXII. » La révocation pour cause d'ingratitude » ne préjudicie ni aux aliénations faites par le donataire, » ni aux hypothèques et autres charges réelles qu'il a » pu imposer sur l'objet de la donation, pourvu que le » tout soit antérieur à la demande en révocation.

» Dans ce cas, le donataire est condamné à restituer » la valeur des objets aliénés, eu égard au temps de la » demande en révocation.

» Les fruits ne sont restitués au donateur que du » jour de la demande en révocation.

Art. LXIII. » Les donations en faveur de mariage ne » sont pas révocables pour cause d'ingratitude.

Art. LXIV. » Dans le cas de la révocation pour cause » d'inexécution des conditions imposées, le donateur a, » contre les tiers détenteurs des immeubles donnés, » tous les droits qu'il aurait contre le donataire lui-» même.

Art. LXV. » La survenance d'enfans n'opère pas la ré-» vocation des donations, sauf la réduction à la quotité » disponible. »

L'article XLVIII, premier de la section, est adopté avec l'amendement que la rédaction fera apercevoir qu'il ne préjuge rien sur les donations entre-vifs portées aux contrats de mariage.

L'article XLIX est adopté

L'article L est discuté.

Le C. Miot dit que l'article semblerait exclure la

charge qui serait imposée par le donateur de nourrir l'enfant qui pourrait lui naître postérieurement, car cette charge n'existerait pas au moment de la donation.

Le C. TREILHARD répond que le but de l'article est d'ôter au donateur la facilité d'anéantir la donation, en créant postérieurement des charges et des dettes, et non de l'empêcher de la modifier par des conditions, lesquelles, comme dans le cas proposé, établissent par l'acte même une charge déterminée et connue; au surplus, pour prévenir toute difficulté, on peut expliquer dans l'article que les seules charges valables seront celles qu'on n'aura exprimées soit dans l'acte de donation, soit dans l'état annexé.

L'article est adopté avec cet amendement.

L'article LI est adopté.

L'article LII est discuté.

Le C. TRONCHET pense que toutes les fois que la donation est faite par un acte, elle doit être accompagnée d'un état, même quand il n'y a point tradition réelle; sans cette précaution, on ne parviendrait point à fixer la légitime des enfans.

Le C. BIGOT-PRÉAMENEU propose, en conséquence de cette observation, de supprimer ces mots : *s'il n'y a point de tradition réelle*, et de rédiger ainsi : *tout acte contenant donation d'effets mobiliers.*

L'article est adopté avec cet amendement.

Les articles LIII et LIV sont adoptés.

L'article LV est discuté.

Le C. TRONCHET dit que le droit en vertu duquel l'article XXX du titre *des Successions*, auquel cet article renvoie, rend aux ascendans les biens par eux donnés, est, non un droit de retour, mais un droit de successibilité.

En conséquence de cette observation, la disposition finale de cet article est retranchée.

Les articles LVI et LVII sont adoptés.

L'article LVIII est discuté.

Le CONSUL CAMBACÉRÈS craint que la rédaction du n.° 1 de cet article ne donne point assez de latitude à la révocation pour cause d'ingratitude. Le donataire ne doit conserver le bienfait, ni lorsqu'il a attenté à la vie de son bienfaiteur, ni lorsqu'il l'a diffamé. Il pourrait arriver que ce mot *attentat* conduisît les tribunaux à ne prononcer la révocation que dans le cas où il y aurait *attentat formel* de la part du donataire et qu'ils crussent que l'article ne s'applique point aux autres moyens par lesquels il aurait pu mettre les jours du donateur en danger.

Le C. MIOT dit que la diffamation rentre dans le n.° 2, et est comprise sous le mot générique *délits.*

Le C. TREILHARD propose d'ajouter au n.° 2 : *ou injures graves.*

L'article est adopté avec cet amendement.

Les articles LIX et LX sont adoptés.

Le CONSUL CAMBACÉRÈS propose de refondre ces deux articles en un seul.

Cette proposition est adoptée.

Les articles LXI, LXII et LXIII sont adoptés et renvoyés au chapitre *des Donations faites par contrat de mariage.*

L'article LXIV est adopté.

L'article LXV est discuté.

Le CONSUL CAMBACÉRÈS fait observer que cet article est une innovation au droit existant.

Le C. TREILHARD dit que le donateur a dû prévoir, au moment de la donation, qu'il pourrait se marier un jour, et que cette considération ne l'ayant point arrêté, il n'est pas juste de l'admettre à la faire valoir, dans la suite, pour changer la situation du donataire, qui, peut-être, ne s'est marié que sur la foi de la donation.

Le C. TRONCHET ajoute que d'ailleurs la légitime de l'enfant étant des trois-quarts des biens, c'est lui porter un très-faible préjudice que de maintenir la donation.

Le C. MALEVILLE observe que quelquefois la légitime n'est que de moitié.

Il ajoute que les rédacteurs de l'ordonnance de 1731 étaient si persuadés que la survenance d'enfans fait naître dans le cœur du donateur, des regrets justes et que la loi ne doit pas repousser, qu'ils ont prononcé la nullité de la donation, aussitôt que l'enfant est conçu.

Le C. BIGOT-PRÉAMENEU dit que les motifs de l'ordonnance, dans cette disposition, ont été d'encourager les mariages, mais que cette raison était plus spécieuse que solide.

Le C. TREILHARD ajoute que l'autorité de l'ordonnance est grave, sans doute, mais qu'elle ne doit point prévaloir sur l'expérience et sur la réflexion. On peut croire que la survenance d'enfans inspire des regrets au donateur; cependant les regrets qui peuvent être la suite de toute autre espèce d'acte, ne sauraient devenir un motif d'annuller les contrats. L'intérêt de la propriété doit l'emporter, et si le donateur a agi avec trop de légèreté, il serait injuste de faire retomber sur le donataire la peine de cette imprudence.

Le CONSUL CAMBACÉRÉS dit que l'intérêt de favoriser les mariages ne peut influer sur cette question. L'usage entraînera toujours les hommes vers cet engagement, indépendamment des calculs qu'on leur a prêtés dans le cours de cette discussion.

Est-il présumable qu'un donateur ait voulu préférer un étranger à ses propres enfans, et ne doit-il pas être censé avoir modifié sa libéralité, par la condition qu'elle serait nulle, s'il devenait père!

Le Consul pense que cette condition s'attache tacitement à toutes les donations; qu'il y aurait peut-être trop de dureté à lier irrévocablement un donateur qui, dans sa jeunesse, a pu disposer trop indiscrètement.

L'article est rejeté.

Le C. TRONCHET dit qu'il reste à décider si l'on admettra dans toute son étendue l'ancienne jurisprudence qui, ne se bornant pas à faire dériver, de la survenance d'enfans, le droit de révoquer la donation, la déclarait, en ce cas, révoquée de plein droit. Ce système avait l'inconvénient de laisser trop long-temps la propriété incertaine, car le donateur et ses héritiers avaient trente ans pour faire valoir la révocation.

Le C. PORTALIS dit que la révocation étant établie en faveur des enfans, et ces enfans ne pouvant pas eux-mêmes faire valoir leurs droits, au moment où ils viennent de naître, il est nécessaire que la loi veille pour eux et leur assure ses bienfaits.

Le C. REGNAUD (de Saint-Jean-d'Angely) ne partage point cet avis.

Il pense que s'il est juste d'accorder au donateur le droit d'écouter le sentiment de la paternité, qu'il ne connaissait pas encore au moment où il a disposé; il est juste aussi de le laisser décider lui-même, si ce sentiment est plus fort dans son cœur que celui qui l'avait porté à donner.

Le CONSUL CAMBACÉRÉS pense que la question proposée par le C. *Tronchet* vient d'être résolue par le conseil qui a écarté l'article proposé, pour revenir au droit établi par l'ordonnance de 1731.

La question est mise aux voix.

LE CONSEIL adopte le droit établi par l'ordonnance de 1731.

Le C. BIGOT-PRÉAMENEU présente la section première du chapitre IV, intitulé : *Des Dispositions testamentaires.*

Elle est ainsi conçue :

*De la forme des Testamens.*

Art. LXVI. « Un testament ne peut être fait con-
» jointement et dans le même acte, par deux ou plusieurs
» personnes, soit au profit d'un tiers, soit à titre de dona-
» tion réciproque et mutuelle.

Art. LXVII. » Un testament peut être fait par acte
» public ou sous signature privée.

Art. LXVIII. » Le testament par acte public est celui
» qui est reçu par deux notaires, ou par un notaire et
» deux témoins qui sachent et puissent signer.

» Il est écrit par le notaire tel qu'il est dicté par le
» testateur; il lui en est donné lecture, en présence de
» témoins. Il est fait du tout mention expresse.

» Si le testateur déclare qu'il ne peut ou ne sait si-
» gner, il est pareillement fait mention expresse de sa
» déclaration, ainsi que de la cause qui l'empêche de
» signer.

Art. LXIX. » Les témoins doivent être mâles, majeurs,
» ayant l'exercice des droits civils.

» Ne peuvent être pris pour témoins ni les légataires,
» à quelque titre qu'ils le soient, ni leurs parens ou alliés,
» jusqu'au quatrième degré inclusivement, ni les clercs
» des notaires par lesquels les actes seront reçus.

Art. LXX. » Les testamens des militaires et des indi-
» vidus employés dans les armées, pourront, en quelque
» pays que ce soit, être reçus par deux officiers ayant au
» moins le grade de sous-lieutenant, ou par deux com-
» missaires des guerres, ou par l'un desdits officiers ou
» commissaires, assisté de deux témoins.

Art. LXXI. » Ils pourront encore, si le testateur
» est malade ou blessé, être reçus par deux officiers de
» santé, ou par un seul, assisté de deux témoins.

Art. LXXII. » Le testament sera signé par ceux qui
» l'auront reçu, et par le testateur s'il sait ou peut signer;
» si le testateur ne sait ou ne peut signer, il en sera fait
» mention, et il sera nécessaire que l'un des témoins
» sache et puisse signer.

Art. LXXIII. » Les dispositions des articles ci-dessus
» n'ont lieu qu'en faveur des défenseurs de la patrie qui
» sont en expédition militaire, ou en quartier, ou en
» garnison hors du territoire de la république, ou pri-
» sonniers chez l'ennemi, sans que ceux qui sont en quar-
» tier ou en garnison dans l'intérieur puissent en profiter,
» à moins qu'ils ne soient dans une place assiégée ou
» dans une citadelle et autres lieux dont les portes soient
» fermées et les communications interrompues à cause
» de la guerre.

Art. LXXIV. » Les testamens faits sur la forme ci-
» dessus établie pour les militaires, seront nuls six mois
» après que celui qui les aura faits sera revenu dans un
» lieu où il aura la liberté d'employer les formes ordi-
» naires.

Art. LXXV. » Les testamens faits dans un lieu avec
» lequel toute communication sera interceptée à cause
» de la peste, pourront être faits devant le juge de
» paix ou devant l'un des officiers municipaux de la
» commune, en présence de deux témoins.

Art. LXXVI. » Les dispositions des articles ci-dessus
» auront lieu, tant à l'égard de ceux qui seraient attaqués
» de la peste, que de ceux qui seraient dans les lieux
» infectés de cette maladie, encore qu'ils ne fussent pas
» actuellement malades.

Art. LXXVII. » Les testamens mentionnés aux deux
» précédens articles, demeureront nuls six mois après
» que le commerce aura été rétabli dans le lieu où le
» testateur demeure, ou six mois après qu'il aura passé
» dans un lieu où le commerce et les communications
» ne sont point interrompus.

Art. LXXVIII. » Les testamens faits sur mer dans le
» cours des voyages, pourront être reçus par l'écrivain
» du vaisseau, par le maître ou par l'officier qui fait la
» fonction de l'un ou de l'autre, en présence de deux
» témoins, et, au surplus, en la forme prescrite pour
» le testament public.

» S'il s'agit du testament du maître ou de l'écrivain
» ou de l'officier qui en fait la fonction, il pourra être
» reçu par l'officier supérieur ou inférieur, du grade le
» plus prochain.

Art. LXXIX. » Le testament quoique dressé dans le
» cours du voyage, ne sera point réputé fait en mer,
» si, au temps où il a été fait, le navire avait abordé
» une terre, soit étrangère, soit de la domination fran-
» çaise, où il y aurait un officier public français, auquel
» cas il ne sera valable qu'autant qu'il aura été dressé
» suivant les formes prescrites en France, ou suivant
» celles prescrites dans les pays où il aura été fait.

Art. LXXX. » Les dispositions ci-dessus seront com-
» munes aux testamens faits par les simples passagers qui
» ne feront point partie de l'équipage.

Art. LXXXI. » Le testament fait sur mer en la forme
» prescrite par l'art. LXXVIII, ne sera valable qu'au-
» tant que le testateur mourra en mer ou dans les trois
» mois après qu'il sera descendu à terre, et dans un
» lieu où il aura pu le refaire dans les formes ordinaires.

Art. LXXXII. » Le testament fait sur mer ne peut
» contenir aucune disposition au profit des officiers du
» vaisseau, s'ils ne sont parens du testateur.

Art. LXXXIII. » Un testament peut, dans toute cir-
» constance, être fait sous signature privée; il doit être
» écrit en entier, daté et signé de la main du testateur.

Art. LXXXIV. » Les formalités auxquelles les divers
» testamens sont assujettis par les dispositions de la pré-
» sente section, doivent être observées à peine de nul-
» lité. »

Les articles LXVI et LXVII sont adoptés.

L'article LXVIII est discuté.

Le Consul Cambacérès voudrait que des témoins fussent appelés, même quand le testament est reçu par deux notaires; que le nombre des témoins fût augmenté, s'il n'y a qu'un notaire; et que, lorsque le testateur ne sait ou ne peut signer, on appelât un témoin de plus.

Le C. TRONCHET dit que les témoins méritent en général moins de confiance que deux notaires. Pour exprimer que la présence de tous deux est nécessaire, on pourrait dire que le testament sera dicté aux deux notaires et écrit par l'un d'eux.

Le CONSUL CAMBACÉRÈS pense qu'il serait utile de conserver littéralement les dispositions par lesquelles l'ordonnance de 1735 règle la forme des testamens et les diverses espèces de testamens qu'elle établit.

Le C. TREILHARD dit que l'ordonnance a trouvé la France régie en partie par le droit écrit, en partie par le droit coutumier.

Les formes usitées n'étaient donc pas universellement les mêmes. L'ordonnance les a toutes régularisées; mais peut-être n'est-il pas nécessaire de les conserver toutes. On pourrait choisir celles qui sont indispensables pour constater la volonté du testateur. Ainsi le testament public serait celui que reçoivent des notaires assistés de témoins. Le testateur qui voudrait cacher ses dispositions, pourrait employer le testament olographe ou le testament mystique. Le testament nuncupatif, maintenu par l'ordonnance, par pure déférence pour les principes du droit romain, devient donc inutile. Pourquoi conserver une forme embarrassée et gênante pour le malade, lorsqu'elle n'a plus d'objet?

Le CONSUL CAMBACÉRÈS met successivement aux voix les diverses formes établies par l'ordonnance de 1735.

Le CONSEIL adopte en principe,

1.° Que la forme du testament olographe pourra être employée, non-seulement entre enfans, comme en pays de droit écrit, mais avec la latitude qui était usitée dans les pays coutumiers;

2.° Que les testamens pourront être faits ou devant deux notaires assistés de deux témoins, ou devant un notaire et quatre témoins;

3.° Que la forme du testament mystique sera conservée telle qu'elle est établie par l'ordonnance de 1735; qu'il ne sera pas ajouté de témoin lorsque le testateur ne saura ou ne pourra signer, mais que la cause de l'empêchement sera exprimée dans le testament;

4.° Que dans les campagnes, il suffira que la moitié des témoins sache écrire.

L'article LXIX est discuté.

La première partie de cet article est adoptée avec l'amendement *que les témoins seront républicoles.*

Le C. TREILHARD observe que la seconde partie de l'article doit recevoir une modification, à l'égard du testament mystique. Les parens du légataire ne pouvant connaître le contenu du testament, il n'y a pas les mêmes raisons de les exclure que lorsque le testament est public.

Le CONSUL CAMBACÉRÈS ajoute que l'office des témoins se réduit à attester un fait simple.

Le C. BIGOT-PRÉAMENEU observe que d'ailleurs c'est le testateur lui-même qui choisit les témoins.

La proposition du C. *Treilhard* est adoptée.

*La séance est levée.*

À PARIS, DE L'IMPRIMERIE DE LA RÉPUBLIQUE.
19 Germinal an XI.

www.ingramcontent.com/pod-product-compliance
Ingram Content Group UK Ltd.
Pitfield, Milton Keynes, MK11 3LW, UK
UKHW020954180726
13838UKWH00003B/1311

9 782329 411699